Jeanne Ruland & Anne-Mareike Schultz

Grokken

Durch kreatives Visualisieren die Welt verändern

Schirner
Verlag

ISBN 978-3-8434-5075-1

Jeanne Ruland &
Anne-Mareike Schultz
Grokken
Durch kreatives Visualisieren
die Welt verändern
© 2013 Schirner Verlag, Darmstadt

Umschlag: Murat Karaçay, Schirner,
unter Verwendung von #50771899
(© rolffimages), www.fotolia.de
Satz: Simone Leikauf, Schirner
Lektorat: Dirk Grosser
Redaktion: Sandra Frey & Sarah Neumann,
Schirner
Printed by: ren medien, Filderstadt, Germany

www.schirner.com

1. Auflage November 2013

Widmung

Wir widmen dieses Büchlein
KULIKE – der Kunst des Grokkens –,
damit diese Technik sich noch mehr verbreiten
und in unser Bewusstsein kommen kann.
Wir widmen dieses Buch allen Menschen, die mithelfen,
eine neue Zeit in Frieden und Freiheit zu errichten,
all den Heilern und Heilerinnen auf dieser Erde.
Mögen wir gemeinsam bewusst Altes wandeln
und die freie Energie dazu nutzen,
wieder Liebe und Glück auf dieser Erde zu manifestieren.

Trage mich von der Illusion in die Wirklichkeit,
von der geistigen Dunkelheit in das lichte Bewusstsein,
vom Tod in das ewige Leben.
ICH BIN niemals geboren und werde niemals sterben.

Ich bin, ich war, ich werde sein.

ICH BIN LIEBE – ALOHA

Jeder Moment ist eine Wiedergeburt,
jeder Moment leuchtet in dem Licht der Liebe,
das sich niemals verändert und niemals stirbt.

Inhalt

Vorwort Jeanne Ruland

Wie ich zum Grokken kam

Lass mich zum Licht des Bewusstseins werden,
ganz in diesem einen Licht aufgehen
und mich in alles hineinbewegen, was nicht
der Matrix unserer Schöpfung entspricht,
um es wieder zu verbinden,
zu durchlichten und zu wandeln
und auszurichten in dir.
Wir sind verbunden – wir sind eins.
Bewusstsein heilt.
Es ist das ewige Licht in uns,
das uns durchleuchten will
und zum großen Licht zurückführen möchte.
Es ist unser Entschluss, dorthin zurückzukehren.
Das höchste Ziel ist es,
den Ursprung des Lichts zu erreichen,
innerhalb und außerhalb – überall – in allem.
Wir können uns darauf zubewegen,
mit Meditation und anderen Übungsformen.
Es ist das größte Abenteuer,
zu dem zu erwachen, was wir bereits sind.
Bereite dich vor.
Vertraue deiner inneren Stimme,
deinem liebenden Selbst,
es führt dich auf dem Weg in das Licht.

Ich bin seit Langem auf dem schamanischen Weg, habe viele Heiltechniken und unterschiedliche Traditionen kennengelernt und seither angewendet, um die Harmonie, den Frieden, die Freude und die unbegrenzte Kraft in mir wiederherzustellen und meinen einzigartigen Pfad hier auf der Erde zu beschreiten. Ich schreibe über das Grokken aus meiner Perspektive und auf Grundlage meines bereits reichen Erfahrungsschatzes, den ich mit dieser für mich genialen Technik gesammelt habe. Ich erhebe keinen Anspruch auf Vollständigkeit. Dieses Büchlein stellt lediglich eine weitere Ergänzung, eine weitere Facette zu dem dar, was bereits darüber veröffentlicht wurde, und öffnet einen Einblick in das Grokken aus meinem und Anne-Mareikes Blickwinkel.

An dieser Stelle möchte ich all den Menschen danken, die diese Technik zugänglich gemacht haben und für deren Verbreitung sorgen. In erster Linie war es Serge Kahili King, der in seinem Buch »Der Stadt-Schamane« neben vielen anderen Techniken das Grokken beschreibt. Weiter ehre ich all die Lehrer, die diese Technik unterrichten und weitergeben. Viele Menschen, die ich praktisch in diese Technik eingeführt habe, haben mich gebeten, ein Büchlein dazu zu schreiben, damit sie diesen Weg vertiefen oder erweitern können.

Der schamanische Weg ist ein Weg des praktischen, erlebbaren Handwerks und keine Religion. Er ist frei, unabhängig, tief und erkenntnisreich. Je länger ich auf diesem Pfad bin, desto mehr erkenne ich, dass alles von einer einzigen Energie durchdrungen ist und sich in unendlich vielen Möglichkeiten und Mustern ausdrückt, die harmonisch oder disharmonisch, gegeneinander oder getrennt voneinander unaufhörlich schwingen. Die Energie fließt und strömt unablässig und kann sich von einem auf den anderen Moment in jede Richtung verändern. Wir sind Teil dieser Energie.

Je mehr wir uns in das Energiegewebe hineinbegeben, desto mehr erkennen wir das Eine, Ewige, das alles durchdringt. So wie in einem Wassertropfen der gesamte Ozean enthalten ist, ist in uns das Ganze enthalten.

Wie bei einem Handwerk kann man durch viel Übung Techniken, die man erlernt hat, verfeinern und verbessern, um so zu einem richtigen Meister des Handwerks zu werden, der diese Technik, die von jedem auf eigene Weise aufgenommen und umgesetzt wird, weitergibt. Ein mögliches »Falsch« oder »Richtig« gibt es dabei nicht, da wir alle einzigartig sind und aus unterschiedlichen Blickwinkeln auf die winzigen Ausschnitte einer viel umfassenderen Wirklichkeit sehen. Das Ergebnis der Veränderung, die dadurch bewirkt wird, ist das Maß der Wahrheit. Was wirkt, ist richtig. Wer heilt, hat recht.

Bewusstsein sitzt in jeder Zelle. Wenn jede Zelle ein Sandkorn wäre und wir das Bewusstsein unseres Körpers vor uns ausbreiteten, hätten wir einen Sandstrand von etwa 4 Kilometern Länge oder mehr. Unser Geist kann jedoch nur 5 bis 8 Sandkörner dieser Wirklichkeit zur gleichen Zeit bewusst erfassen. Was erfassen wir mit diesen 5 bis 8 Sandkörnern? Einen winzigen Ausschnitt der Wirklichkeit, gefärbt von unseren Wertvorstellungen und Überzeugungen.
Das sollte uns Anlass geben, sehr vorsichtig mit Urteilen und Wertungen zu sein. Alles hat einen Grund, einen Sinn und folgt einem umfassenden Plan, auch wenn diese großen Kreisläufe und mächtigen Kräfte außerhalb unseres Wahrnehmungsbereiches liegen. Der Weg ist ein Mysterium. Wir sind in mehr Welten zu Hause, als wir denken, und jeder Impuls hat unfassbare Auswirkungen in vielen Ebenen und Dimensionen.

Das Grokken kannte ich sozusagen schon, bevor ich es unter diesem Begriff kennenlernte, da es unsere natürlichste Fähigkeit ist, die jeder von uns bereits innehat und täglich, oft unbewusst, einsetzt. Grokken beinhaltet Einfühlungsvermögen und Empathie. Diese Technik fiel mir unglaublich leicht, da sie in der menschlichen Natur bereits angelegt ist. Jeden Tag fühlen wir mit irgendjemandem mit, beschäftigen uns mit irgendetwas, was uns betrifft, das mit uns in Resonanz geht. Eine Freundin kommt und erzählt uns von einem Schicksalsschlag, ein Zeitungsartikel, ein Ereignis in der Welt, das uns erschüttert, zieht unsere Aufmerksamkeit an, und schon sind wir mit unserem Bewusstsein und unserem Fühlen ganz in dieser Sache – manchmal sogar tage- und wochenlang –, sodass Menschen, die mit uns zusammensitzen, uns fragen, wo wir gerade mit unserer Aufmerksamkeit sind. Damit grokken wir bereits, ohne dass es uns bewusst ist.

Ich habe in meiner Huna-Ausbildung bewusst grokken gelernt und bin seither unglaublich begeistert von dieser Technik und übe und wende sie täglich bewusst an. Sie unterscheidet sich von anderen Techniken durch ihre Natürlichkeit, Einfachheit und Effizienz. Wir praktizieren das Grokken bereits alle täglich vom ersten Moment unseres Seins. Wenn wir geboren werden, grokken wir uns in das System unserer Familie ein, in die Sprache, in die Verhaltensweisen, in alles, was uns vorgelebt und gezeigt wird … bis wir ein Teil dessen geworden sind. Weitaus schwerer ist es dann, sich wieder davon zu lösen und zu erkennen, dass wir in der Lage sind, uns mit allem zu verbinden, und dass umgekehrt alles, was um uns herum existiert, auch in der Lage ist, sich mit uns zu verbinden, und dass wir lernen, unsere Energie selbst zu lenken.

Wir sind uns nicht bewusst, dass wir grokken. Wir fühlen uns oft als Opfer der Umstände, nicht in der Lage, die Energien aktiv in Richtung Harmonie zu lenken.

Wir bemerken oft weder, dass uns gewisse Ereignisse in den Bann ziehen, noch holen wir uns bewusst aus diesen Ereignissen, die uns gerade bewegen, wieder ganz zurück.

Vielen von uns sind die mächtigen schöpferischen Kräfte des Bewusstseins noch nicht klar. Wir erschaffen mit jedem Gedanken, mit jedem Gefühl, mit jedem ausgesprochenen Wort und mit jeder Handlung eine erfahrbare Wirklichkeit. Indem wir unsere schöpferischen Kräfte, die wir in unserem menschlichen Dasein besitzen, bewusst einsetzen, können wir die Harmonie, die Einheit und die Verbundenheit wieder herstellen.

Möge dir dieses Büchlein einige Aha-Effekte bescheren. Mögen wir diese natürlichen Fähigkeiten bewusst nutzen, um die Harmonie, das Glück, die Freiheit, die Liebe und Fülle wiederherzustellen.

Mögen wir unsere Energie in unserem gesamten Sein nutzen, um zu erwachen in das, was wir wirklich sind, und bereits aus einem neuen Zeitalter des Friedens, des Glücks und der Freude in allen Welten wirken.

Ich bin – ich war – ich werde sein!

Möge dieses Büchlein ein Segen für viele Menschen werden. Danke Anne-Mareike, dass wir dieses Büchlein zusammen schreiben und damit viele Facetten dieser Technik zum Leuchten bringen können.

Vertraue auf dich selbst!
Segne die Gegenwart!
Erwarte das Beste!

In Liebe und Dankbarkeit
Aloha nui loa
Mahalo ke Akua
Jeanne Ruland

Vorwort
Anne-Mareike Schultz

Der Moment, in dem man auf einmal einen Geruch in der Nase hat und sich an einen ganz bestimmten Moment aus seiner Kindheit erinnert: So war es für mich, als mir das Grokken von Serge Kahili King auf Hawaii erklärt wurde.

Ich bin dankbar und fühle mich beschenkt, dass ich mit Jeanne zusammen dieses Büchlein schreiben und meine Perspektive und Erfahrungen über das Grokken einbringen durfte. Ich habe schon viele wunderschöne und berührende Grokk-Momente erlebt, und viele durfte ich mit Jeanne und anderen Menschen teilen. Ich bin dankbar, dass wir nun gemeinsam diese Heiltechnik auf unsere Art und Weise in die Welt bringen dürfen. Ich weiß, wie schön es ist, sie weiterzugeben und zu sehen, wie so viele mit dieser Technik arbeiten.

Der Begriff »grokking« wurde in dem Roman »Stranger in a Strange Land« (erschienen 1961, dt. Ausgabe: »Fremder in einer fremden Welt«) von Robert A. Heinlein zum ersten Mal benutzt und von Serge Kahili King dann für diese Heiltechnik verwendet, da das Erlebte in diesem Roman die Arbeitstechnik wohl ganz gut widerspiegelt.

Während meiner schamanischen Ausbildung gehörte es dazu, dass man das Verschmelzen lernte und versuchte, seine Gestalt durch diese Verschmelzung zu verändern. Jedoch ist dies beim Grokken gar nicht erforderlich, sondern hier geschieht ein Wiedererkennen des Gegenübers in einem selbst. Das Grokken als Heiltechnik war mir überhaupt nicht fremd, als es mir erklärt wurde, denn schon als Kinder hatten wir unseren Spaß dabei, die Flugschirmchen der Pusteblume zu lenken. Es ist eine Technik, die wir ganz oft unbewusst anwenden, denn wir gehen mit etwas in Resonanz, können mitfühlen oder uns hineinversetzen. Das Grokken ist uns allen in die Wiege gelegt worden, und das Schöne daran ist, dass dies mit keiner besonderen Fähigkeit des »Sehens«

gekoppelt ist. Ich habe bei Ausbildungen schon oft erlebt, dass sich einige Teilnehmer unglaublich unter Druck setzten, genau dasselbe zu sehen wie ein anderer Teil der Gruppe. Die Erleichterung zu spüren und zu sehen, wenn gegrokkt wird, und damit Heilung geschehen darf, lässt mich noch mehr Spaß haben, diese Heiltechnik in die Welt zu bringen.

Beim Grokken geht es um bewusstes Arbeiten und das Wiedererkennen in uns. Diese Technik zeichnet sich durch das bewusste Wahrnehmen des Gegenübers aus. Wir erkennen den anderen, verbinden uns mit ihm, lenken die Energie und trennen uns bewusst wieder, damit wir wieder ganz bei uns sind.

In uns geschieht etwas, und man kann es mit einem Wiedererkennen erklären. In uns wird etwas »angeschubst« und zwar etwas, was in uns in Resonanz geht, wie ein Muster, eine Essenz, ein Abbild. Man kann dieses Abbild oder Muster mit Büchern, Texten, Worten und Buchstaben vergleichen. Wer kennt das nicht, durch ein Buch berührt zu werden? Nun muss es aber nicht immer das ganze Buch sein, das mit uns in Resonanz geht, sondern es reicht schon eine Zeile. Es ist wie eine Inhaltsangabe einer Essenz oder eines Musters. Der kleinste Teil dieser Essenz oder dieses Musters genügt, um mein Gegenüber zu grokken, es geht beim Grokken mit uns in Resonanz und wird in uns erkannt. Dieses Erkennen lässt unsere Essenzen oder Muster miteinander kommunizieren und verschmelzen. Energie kann gelenkt werden, und Heilung kann geschehen.

Seitdem ich dem Grokken einen Namen geben konnte und ich diese Technik täglich anwende und weitergebe, habe ich eine unbeschreibliche Freude an ihrer simplen und kraftvollen Wirkung. Die Welt ist so, wie du denkst, dass sie ist.

Diese Technik lässt uns bewusst unsere Wirklichkeit gestalten. Mögen wir Zufriedenheit, Liebe und Glück in all unsere Leben einziehen lassen.

Möge dieses Büchlein ein Erkennen von vielen Möglichkeiten sein und ein Segen. Danke an Jeanne für einfach ALLES und Mahalo, dass du dies hier möglich machst und du die Essenzen in uns erkennst und sichtbar werden lässt.

> *A'ohe hana nui ka alu'ia.*
> *(Keine Aufgabe ist zu groß, wenn*
> *man sie gemeinsam angeht.)*

Mahalo nui loa
Anne-Mareike Schultz

Einführung in das Grokken

Kulike oder Grokken ist unsere Fähigkeit, nachzuahmen und uns einzufühlen, eins zu sein mit verschiedenen Energien.

Die Musterkunde und das Kommunizieren über Muster und Lebensgewebe ist einer der ältesten schamanischen Wege in allen alten Kulturen dieser Erde. Man heilte und webte das Lebensmuster, löste Fäden oder verband Dinge wieder miteinander. Über die Traumreise, die Flöten, verschiedene Instrumente, Tänze, Bemalungen oder Bewegung ... kommunizierte man mit den lebendigen Mustern des Lebens.

In der Schöpfung besteht alles aus lebendigen, pulsierenden, sich verändernden Mustern und Formen, die ineinandergreifen, die miteinander harmonieren, die sich wandeln oder die sich gegenseitig transformieren können. Die Musterkunde bzw. das Erkennen des Gewebes des Lebens gehörte ursprünglich überwiegend zum weiblichen Mysterienweg. Wenn Muster sich verdichten, können sie sich in dieser Welt materialisieren. Die Urmuster der Schöpfung finden wir als Bemalung auf alten Gegenständen, Schalen, Töpfen, Kleidungsstücken und auch als Tätowierungen und Körperbemalungen. Sie wurden von Generation zu Generation über die Kleidung, Teppiche, Rituale, Zeremonien, Klänge und Klangabfolgen, symbolische Zeichen und Ähnliches weitergegeben. Wir sind alle ein Teil des Lebensgewebes. Alles hängt miteinander zusammen und beeinflusst sich gegenseitig. Das Kleinste kann Auswirkung auf das Größte haben. Die Urvölker wussten um die Einheit, welche die Vielfalt der Schöpfung in unterschiedlichen Mustern webt. Sie wussten, dass alles miteinander verwoben ist. Mit der heiligen Geometrie, die jetzt wieder verstärkt ins Gespräch kommt, kehrt dieses alte Wissen der lebendigen Muster und Formen auf neue Weise in die Welt zurück.

Das Muster des Lichtes und des Feuers ist seit jeher das Dreieck. Das Muster für Wasser sind die Wellen, das Muster für Luft die Spiralen. Für Erde sind es die Quadrate, für Äther der Punkt oder der Kreis. Das ist bis heute so. Diese Urmuster wirken in uns und in der gesamten Schöpfung. Wir können sie überall entdecken. Wenn wir bewusst grokken, können wir diese Zeichen auf ganz neue Weise verstehen, begreifen und erfahren.

Werfen wir einen Blick auf die platonischen Körper und die Urmuster der Schöpfung. Wir sind Teil dieser Urmuster. Die Urformen sind nicht außerhalb oder getrennt von uns, sondern nach ihnen ist unser Körper aufgebaut. Sie schwingen in uns und in der gesamten Schöpfung als lebendiges Einheitsfeld. Sie sind nichts Statisches oder Hartes, sondern etwas Weiches, Alldurchdringendes, Ewiges. Dass unser Körper perfekt aufgebaut und nach einem bestimmten Muster erschaffen ist, zeigt uns, dass wir in ein größeres, alldurchdringendes Feld eingebunden sind. Wir sind Teil dieses Feldes. Wir bilden eine Einheit mit dem Feld. Da wir vergessen haben, dass wir Teil dieser Einheit sind, fühlen wir uns abgespalten. Wenn wir uns wieder mit der Einheit, der göttlichen Matrix, verbinden, werden wir dadurch genährt, getragen, geführt und mit allem wunderbar versorgt, was wir zum Leben brauchen.

Seit Urzeiten besitzen wir die Fähigkeit der Einfühlung, Anpassung und Nachahmung.

Wir passen uns in ein System ein, übernehmen Verhaltensmuster und Regeln, Glaubenssätze und Umgangsformen. Wir nehmen die Eigenschaften des KU (Unterbewusstseins) anderer an, um zu überleben, dazuzugehören, uns einzufügen, geliebt zu werden und von unserer Umgebung zu lernen.

Kinder lernen durch Beobachtung und Nachahmung und nicht durch Worte. Wenn Worte und Lebensgefühl bzw. Ausdruck nicht im Einklang sind, so werden Kinder das Lebensgefühl bzw. den wahrhaftigen und zum Teil unbewussten authentischen Ausdruck ihrer Vorbilder übernehmen. Wenn wir z. B. Kindern erzählen, sie sollen nichts Süßes essen, jedoch selbst Süßes lieben und oft essen, so werden wir mit Worten nichts erreichen. Kinder werden sich immer an unserem unbewussten subtilen Ausdruck (KU) orientieren. Je jünger ein Kind ist, desto intensiver ahmt es nach und speichert Lebensmuster ab, die es dann immer und immer wiederholt. Diese Lebensmuster können uns ein Leben lang prägen, bis wir sie bewusst erkennen, neue Impulse setzen und beginnen, uns selbst zu meistern.

So haben wir Beziehungsmuster der Eltern gespeichert, Muster der Liebe (etwa: Liebe ist Kampf, Liebe ist Leid), Muster des Lebens usw. Unser Unterbewusstsein hat die Aufgabe, alles, was wir erleben, über die Sinne (Hören, Sehen, Schmecken, Riechen, Tasten) zu speichern und automatisch zu wiederholen oder auf gespeicherte Muster zurückzugreifen und diese automatisch abzuspulen. Das macht es, bis wir uns bewusst und willentlich neu ausrichten und alte Muster mit neuen Mustern überschreiben.

Die Hauptfunktion des Unterbewusstseins ist es, das Wissen abzuspeichern und uns daran zu erinnern. Unser Unterbewusstsein ist wie ein Autopilot, der uns durch seine Speicherfunktion vieles erleichtert. Es hat verschiedene Speicher. Dank des KU können wir lernen, unsere Körperfunktionen aufrechterhalten, uns erinnern, Gewohnheiten und Fertigkeiten entwickeln. Alles wird im Körper als Schwingungs- und Bewegungsmuster auf zellularer Ebene abgespeichert. Durch einen bestimmten Reiz, innerlich oder äußerlich, kommt es in unserem KU zu einer Regung, und die Erinnerung, die in der entsprechenden Zelle sitzt, wird freigegeben, beginnt zu schwingen und löst ein bestimmtes Verhalten aus. Dabei gibt es verschiedene Arten des Speicherns:

- *den Erinnerungsspeicher,* in dem alles, was wir bisher erlebt haben, aufgezeichnet ist. Je emotionaler die Erfahrung war, desto stärker ist der Abdruck in unserem Feld;

- *den Erbspeicher* unserer Ahnen, in dem alles, was unsere Ahnen anbelangt, aufgezeichnet ist, sowohl Krankheiten und Fehlentscheidungen als auch Potenziale und Fähigkeiten;

- *den Speicher unserer Seele,* in dem alle Inkarnationen und Erfahrungen unserer Seele aufgezeichnet sind, die weit über dieses Leben hinausgehen. Dies erklärt beispielsweise die Liebe zu bestimmten Ländern, Sitten und Gebräuchen, Ängste vor Dingen, die wir in diesem Leben noch nicht erfahren haben usw.;

- *den Speicher unseres wahren Potenzials,* unserer natürlichen Fähigkeiten, Talente und Anlagen, unseres Seelenplans, unserer Göttlichkeit und Reinheit und unseres ewigen Seins.

Es gibt verschiedene Aspekte unseres Selbst.

- *das Unterbewusstsein – KU,*

- *den bewusst handelnden Teil oder das Bewusstsein – LONO,*

- *das höhere Bewusstsein, den Teil von uns, der ewig ist – KANE.*

Alles ist bereits in uns. Es gibt nichts, was wir im Außen suchen müssten.

Viele Pflanzen und Tiere besitzen diese Fähigkeit des Verschmelzens ebenfalls. Sie passen sich perfekt an die Natur und ihre Umgebung an, sie mutieren und verändern sich mit den veränderten Gegebenheiten. Sie verschmelzen mit ihrer Umgebung, sodass man sie kaum wahrnehmen kann, was das Überleben ihrer Art garantiert. Ein Beispiel dafür ist das Chamäleon, das seine Farbe den es umgebenden Bedingungen anpasst.

Schauen wir auf schamanische Wege, so beherrschten auch die Naturvölker es perfekt, mit ihrer Umgebung zu verschmelzen, sich zu tarnen, bestimmte Eigenschaften von Tieren und Gottheiten nachzuahmen, um damit bestimmte Muster und Kräfte zu manifestieren, zu lernen und Bewusstseinserfahrungen zu machen, die im All-eins-Sein gründeten.
Denken wir an die Tänze der Aborigines, die mit der Traumzeit, aus der sie kommen, verschmelzen, oder an die Tätowierungs-Muster der Maori, die sich mit der Natur vereinen, an die Tänze und Zeremonien vieler Völker, etwa Hula in Hawaii, die uns wieder in das Urmuster der Schöpfung und die Allverbindung zurücktragen, aufladen, uns Kraft schenken und uns auf das Einheitsfeld ausrichten.

Eine moderne bekannte, jeden Tag erlebbare Variante, ist die Schauspielerei. Menschen nehmen die Rollen anderer an, um Geschichten zu beleben, uns zu lehren, uns zu unterhalten, uns zu erinnern, Erfahrungen und neue Möglichkeiten aufzuzeigen.
Denken wir an die großen Erfinder, Künstler, Tänzer, Menschen, die hier auf der Erde Meisterleistungen vollbracht haben: Sie sind ganz normale Menschen, die so mit dem intelligenten göttlichen Muster, das uns alle durchströmt, verbunden sind, dass sie Außergewöhnliches durch ihre eigene Liebe und Leidenschaft hervorge-

bracht haben und damit dem evolutionären Impuls in sich gefolgt sind. Meister verschmelzen mit der Ewigkeit. Sportler gehen ganz im Spiel auf, sie fühlen die Spielzüge ihrer Gegner. Tänzer verschmelzen mit dem Rhythmus der Melodie. Stimmen und Instrumente verschmelzen zu einer Symphonie. Jeder von uns ist dazu in der Lage, mit dem universellen Bewusstsein zu verschmelzen und sich durchströmen, führen und inspirieren zu lassen. Ein offenes, liebendes, mitfühlendes Herz, Leidenschaft und Freude erleichtern die Erfahrung der Verschmelzung ungemein.

Wir sind alle eins. Wir können mit jedem Muster, mit jeder Form verschmelzen, da wir alles bereits in uns tragen. Wir können Teil des Musters, Teil der unterschiedlichen Ausdrucksformen verschiedener Muster sein, da wir mit dem Einheitsfeld verbunden sind. Damit sind wir in der Lage, in ein Muster einzusteigen, mit diesem Muster zu verschmelzen, zu diesem Muster zu werden und als Bewusstsein dieses Musters dieses zu verändern, es zu lenken und zu leiten.

Dies ist eine der erstaunlichsten und großartigsten Bewusstseinserfahrungen, die ich kenne. Sie begeistert mich, da sie mir einen neuen Zugang zum großen Ganzen eröffnet, dessen Teil ich bin, dessen Teil du bist, dessen Teil wir alle sind.

Die Wissenschaft kommt immer mehr zu neuen Erkenntnissen, die den Schamanen aller Kulturen schon seit Urzeiten bekannt sind. Schamanen und Heiler arbeiten mit der universellen unbegrenzten Lebensenergie und der universellen alldurchdringenden Intelligenz, um zu harmonisieren, zu heilen, zu lernen, Erfahrungen des Einsseins zu erlangen, sich zu verbinden. Sie wissen um die Muster in allem, die Verbundenheit mit allem, wie man die Kräfte des Universums anzapft, sich mit dem Ursprung allen Daseins und der Quelle verbindet, aus der alle Kraft, alles Wissen, alle Energie entspringt. Sie können alles durch das Verschmelzen mit ihren Gedanken, Gefühlen und ihrer Energie aufladen und verändern. Ganz egal, woher wir kommen, was wir sind oder können – diese Fähigkeit ist uns allen ganz natürlich zu eigen.

Die Wissenschaft erforscht zurzeit die Felder jenseits des Sichtbaren und entdeckt das Quantenfeld, Teilchen und Wellen, Energieströme, die bewegliche Veränderlichkeit eines Wasserkristalls. Schauen wir in uns hinein, so tanzen in uns Millionen von Atomen, die zuvor Teil eines anderen Körpers waren. Eine Billiarde Atome in dir tanzten bereits durch unzählige Formen und Körper aller Kulturen und Lebensformen. Wasser fließt durch uns hindurch und wieder zurück in die Natur, steigt zum Himmel, fällt auf die Erde, durchströmt andere Menschen und dann wieder uns. So auch die Luft. Alles zirkuliert, pulsiert und kreist. Wir sind auf subtileren Ebenen eins und vollkommen verbunden. Dies macht es uns so leicht, uns in andere Muster hineinzufühlen und – wenn wir uns dessen bewusst geworden sind – mit ihnen zu schwingen, sie zu lenken und zu verändern und uns wieder hinauszuschwingen.

Jeder kennt es: Wir laufen an einem Kiosk vorbei und unser Blick fällt zufällig auf die Zeitung, die von einem dramatischen Geschehen am anderen Ende der Welt berichtet. Schon zoomt sich unser Bewusstsein in dieses Ereignis hinein, und wir beginnen, es zu fühlen. Schon sind wir drin, manchmal minuten-, stunden- oder tagelang. Jemand erzählt uns etwas Gutes oder Bewegendes, schon sind wir mit unserem Bewusstsein mitten in der Geschichte des anderen. Manchmal lässt sie uns tage- und wochenlang nicht los, je nachdem, wie sehr diese Geschichte uns berührt oder inwieweit wir persönlich davon betroffen sind. Dabei spielt es keine Rolle, an welchem Ort das Ereignis geschehen ist, da wir mit allem verbunden sind. Sind wir jedoch im Zentrum des Geschehens und persönlich von diesem Ereignis betroffen, so ist die emotionale Beteiligung weitaus größer. Wir zoomen uns augenblicklich in das Ereignis hinein, fühlen es, nehmen es in uns auf und identifizieren uns damit.

Was wir noch nicht automatisch tun, ist, uns unseres Fokusses bewusst zu werden, das Muster zu beobachten, mit ihm bewusst und ganz zu verschmelzen, es heilsam zu verändern und uns wieder komplett zu 100 % aus dem Ereignis hinauszuzoomen, sodass wir wieder offen sind für den gegenwärtigen Augenblick und seine unglaubliche Kraft, die uns unbegrenzte Flexibilität beschert, wenn wir ganz da sind.

Wir sind nicht Opfer der Energie, sondern wir sind Schöpfer und Leiter von Energien.

Vielleicht kann dieses Büchlein dir helfen, den Handlungsbogen, in den du gerade hineingezoomt wirst, lichtvoll zu Ende zu bringen und dich kraftvoll in der Gegenwart auszurichten.

Praktischer Teil

Werde dir heute des lebendigen Musters hinter der sichtbaren Form bewusst.

Lerne und übe, hinter die Formen zu schauen.

Betrachte fünf Minuten lang eine Kerze, fühle das Energiemuster der Flamme.

Meditiere an einem Bach, fühle das Energiemuster des Wassers.

Spüre den Unterschied dieser beiden Muster.

Male die Muster, die du von Elementen, Pflanzen, Tieren, Steinen wahrnimmst.

Fühle die Muster.

Ahme die Muster nach.

Bewege dich geistig in die Muster hinein, und lasse deine Energie auf derselben Ebene schwingen. Fange mit den Elementen an. Aus ihnen ist die gesamte Schöpfung aufgebaut. Sie sind leicht zu grokkende Urmuster der Schöpfung.

Feuer hat ein anderes Energiemuster als Wasser.

Luft hat wiederum ein anderes Energiemuster als Erde.

Nimm dir einen Moment Zeit, und fühle die Energiemuster der Elemente.

Werde zu diesem Element. Fühle das Element.

Spürst du die unterschiedlichen Muster und Schwingungen?

Versuche, ab heute die Muster hinter der sichtbaren Form zu erfühlen und dir mehr der Muster, der Schwingungen und Vibrationen bewusst zu werden.

Dies kannst du dann steigern, indem du beginnst, die Muster hinter Tieren und Pflanzen zu erkennen, die Muster, die hinter

Menschen wirken, zu fühlen und wahrzunehmen. Du wirst mit der Zeit einen Blick und ein Gefühl dafür entwickeln.

Die nächste Stufe ist, dass du dich für komplexere Muster öffnest. Meditiere über die Blume des Lebens und über andere Symbole, die umfassendere Muster darstellen.
Fühle dich in das Muster hinter einem System ein, etwa dem Muster von Aloha, dem Muster einer Menschengruppe, dem Muster einer Landschaft, dem Muster komplexer Sternengebilde am Himmel ...

Die Kunst des Grokkens besteht aus unterschiedlichen Stufen.
In unserer zerstreuten und eher unfokussierten Gesellschaft hat sich folgender Ablauf bewährt, der jedoch von jedem auf individuelle Weise angewendet werden kann.
Aus eigener Erfahrung weiß ich: Je stärker wir eine Energie bündeln bzw. fokussieren können, desto deutlicher sind ihre Auswirkungen fühlbar.

Wenn ich z. B. Feuer mit einer Lupe machen möchte, so halte ich die Lupe in das Sonnenlicht und bündle die Sonnenstrahlen. Wenn ich jedoch beim Fokussieren herumzapple oder die Lupe zu schnell wieder wegziehe, werde ich kein Feuer entzünden können. Bleibe ich ruhig und offen und warte, bis die Flamme entsteht, so habe ich ein direktes Ergebnis.
Die Ausrichtung und Bündelung der eigenen Energie hat Kraft.
Wir werden zum Brennglas der universellen Lebensenergie, die uns alle durchströmt und uns verbindet, wenn wir ruhig und konzentriert werden.

*Wir sind geistige Wesen, die eine
menschliche Erfahrung machen –
und nicht menschliche Wesen, die ab und
zu eine geistige Erfahrung machen.
Als geistige Wesen haben wir Zugang zu
allen Ebenen und Dimensionen des Geis-
tes, auch zu Ebenen und Dimensionen, die
uns heute noch nicht bewusst sind.*

Mit einem Muster kommunizieren

EINFÜHRUNG

Im hawaiianischen Schamanismus wird alles als pulsierende Energie gesehen. Selbst Gegenstände, wie Schlüssel oder ein Tisch, sind schwingende lebendige Muster der Schöpfung. Wir können mit jedem Muster kommunizieren. Wenn wir beispielsweise unseren Schlüssel verlegt haben, so können wir uns in ihn hineingrokken, fühlen, riechen, schauen ... und bekommen so eine Idee, wo der Schlüssel sein könnte. Auf diese Weise kann man verloren geglaubte Gegenstände wiederfinden. Versuchen Sie immer mehr, in die Welt der Energien, Formen und Farben einzudringen. Spielen Sie, erleben Sie, erkennen Sie.

1. KONTAKTAUFNAHME

Betrachte das zu grokkende Objekt. Erfühle und ertaste es. Gehe ganz in das Muster hinein. Wenn es beispielsweise ein Edelstein oder ein anderer Gegenstand ist, nimm ihn in die Hand. Fühle die Oberfläche, die Temperatur, das Muster, die Farbschwingung usw. Nimm *tatsächlich* Kontakt über deine Sinne mit dem zu grokkenden Objekt auf.

2. PERSÖNLICHE INNERE AUSRICHTUNG

Wenn du bereit bist, schließe deine Augen. Lasse dich in den inneren Raum deines Herzens fallen, und gehe noch tiefer an deinen inneren geistigen Ort.

Während du an diesen Ort gehst, öffne deine Sinne. Mache dir all deine Wahrnehmungskanäle bewusst, und öffne sie.

Rieche: Welchen Geruch nimmst du wahr?

Schmecke: Welcher Geschmack kommt dir in den Sinn?

Höre: Was hörst du?

Sieh: Was siehst du?

Fühle: Welche Gefühle steigen in dir auf? Wie ist die Temperatur? Die Energie? Das Energiemuster? Wie ist die Luft?

Taste: Fühle die Oberfläche, den Boden ...

Empfange über deine Sinne.

> **Anmerkung:** Diese Empfindungen müssen mit äußerlichen Reizen nicht übereinstimmen. Es kann sein, dass wir etwa innerlich ein Wasserrauschen hören, da unsere Seele sehr mit dem Wasser verbunden ist, und dass wir einen Bach wahrnehmen, der neben uns plätschert, oder dass wir innerlich das Meer sehen, obwohl äußerlich weit und breit kein Wasser zu finden ist.

Das ist ein Zeichen dafür, dass man mit seiner Seele und seiner inneren Welt, die sich bei jedem vollkommen anders spiegeln kann, verbunden ist.

Du öffnest sogar die Wahrnehmungskanäle, die dir noch nicht bewusst sind.
Manche Sinne sind stärker, manche weniger stark ausgeprägt.

3. ZENTRUM
Gehe in deiner Vorstellung ganz in deine Mitte, ganz in dein inneres geistiges Zentrum. Atme bewusst dort hinein, und fühle den universellen Strom der Energie. Lasse alle Rollen, Schutzschilde und Masken fallen, und atme bewusst nach unten, nach vorne und nach hinten, nach links und nach rechts, nach oben. Öffne dich in deine wahre geistige Größe, und werde geistig Teil des gesamten Feldes, sodass der universelle Lebensstrom dich vollkommen aufladen und alle Illusionen der Trennung und des Schmerzes hinfortspülen kann.

4. STROM DER UNIVERSELLEN LEBENSENERGIE
BETRETEN DES GEISTLEIBES – bzw. BILDEN DER KUGEL
In deiner Mitte fühlst du den Energiestrom der universellen Lebensenergie. Beginne, dich mit jedem Atemzug damit aufzufüllen und aufzuladen. Die Energie strömt in deinen Körper hinein und beginnt, deine Umrisse aufzulösen, sodass du immer mehr eine strahlende kristalline Kugel reinen Bewusstseins wirst. Ein Teil in dir beobachtet, der andere Teil ist reines kristallines Bewusstsein. Die Kugel beginnt, immer leichter zu werden und abzuheben. Das ist für dich das Zeichen: Du bist bereit.

5. HINEINGROKKEN

Mit einem kräftigen Atemstoß bewegst du die Kugel reinen Bewusstseins in das zu grokkende Objekt. Fühle, wie du in das Objekt, in das Muster eintauchst und beginnst, dich auszudehnen
und vollkommen zu diesem Muster zu werden. Fühle, schmecke,
rieche, taste. Du dehnst dich immer mehr aus, wirst ganz zu diesem Muster, wirst eins mit ihm.

6. VERSCHMELZEN

Lasse dich in diesem Energiemuster treiben, fühle dich zu 100 %
ein. Wenn du eins mit dem Muster bist, ein Teil des Bewusstseins
dieses Musters, beginne, es zu lenken, zu leiten, mit ihm zu spielen und zu kommunizieren. Lerne von dem Muster. Von Pflanzen
kannst du dir beispielsweise die Fotosynthese zeigen lassen, von
Mineralien kannst du dich mit auf die Reise durch ihr Muster nehmen lassen. Öffne dich, und lasse dich führen.

7. EINSWERDEN, LENKEN UND LEITEN

Nun beginne, das Muster so zu lenken, dass es für alle zum Bes-
ten ist. Beispielsweise kannst du dich als Teil des Musters, in das
du dich eingewählt hast, zu Stellen führen lassen, die krank oder
gestört wirken. Tue nun das, was getan werden muss, damit das
Muster heilt, wieder leuchtet und wieder mit der göttlichen Matrix verbunden wird. Lasse dich von dem Feld der Einheit führen.
Wenn alles getan ist, wird die Energie ganz ruhig, friedlich und
fließend. Etwas in dir weiß einfach, dass es jetzt gut ist.

8. EINSAMMELN UND AUSGROKKEN

Sammle alle Teile deines Bewusstseins wieder ein, und forme die
kristalline Kugel. Wenn alle Teile wieder da sind und die Kugel

vollständig ist, atme sie ruckartig und vollständig zu dir zurück, atme sie ganz in deine Mitte ein.

9. 100% SELBSTVERANTWORTUNG

Kümmere dich zuerst um dich selbst. Vielleicht braucht die Energiekugel eine Reinigung. Erst, wenn die Energie wieder in deiner Mitte, sauber, rein und klar verankert ist, bildest du deine inneren Körperformen wieder ganz in deiner Mitte aus. Fühle in dich hinein, ob du auch wieder ganz in deiner Mitte bist, und atme dich sanft von deinem inneren geistigen Raum in den äußeren Raum zurück. Öffne dann deine Augen.

10. NOTIEREN – VERMERKEN – REALITÄTSABGLEICH

Schreibe deine Erfahrung auf, oder teile sie mit anderen Menschen, die mit dir in das Objekt gegrokkt sind. Hört euch zu. Es können trotz des gleichen Objektes sehr unterschiedliche Erfahrungen des einen Musters sein, weil es viele Facetten und Seiten hat. Wir lernen voneinander, indem wir diese Erfahrungen teilen. Wir bewerten und beurteilen diese Erfahrungen nicht, sondern lassen sie im Raum wirken.

In manchen Momenten hat uns ein Schicksal, eine Geschichte oder eine Begebenheit sehr stark in ihren Bann gezogen. Hier kann das Grokken uns helfen, denn dann haben wir uns durch unsere Empathie unbewusst in diese Situationen hineingegrokkt. Die Gefühle können uns übermannen und dies für Stunden, Tage oder Wochen. Menschen, die mit uns verbunden sind, haben das Gefühl, dass wir gar nicht richtig da sind, abwesend erscheinen oder »auf Autopilot laufen«. In solchen Fällen ist es oft der Fall, dass in uns ein Wiedererkennen geschieht, jedoch durch das unkontrollierte unbewusste Grokken, durch die Flut der Gefühle kein Heilungsimpuls stattfinden oder kein Lenken von Energien geschehen kann, da wir selbst zu sehr betroffen sind oder uns mit diesem Muster identifiziert haben. Das Grokken soll uns nicht zu einem gefühllosen Klotz transformieren, jedoch können uns in diesen überwältigenden Situationen ein klarer Kopf, eine gezielte Hilfe und ein klares Aussteigen aus der Situation oft mehr helfen, als uns allzu sehr unseren Gefühlen hinzugeben.

1. WERDE DIR BEWUSST

Nimm dir Zeit für dich selbst, reflektiere dich. Ziehe dich aus dem Alltagsgeschehen heraus. Frage dich selbst: Wo bin ich gerade? Welches Ereignis nimmt mich gerade gefangen? Wo bin ich mit meiner Aufmerksamkeit? Wo bin ich mit meinem Bewusstsein?

Überprüfe, welche Stelle deines Körpers du in diesem Moment besonders spüren kannst, und mache dir dann deinen ganzen Körper bewusst. Atme ein, und richte deine Aufmerksamkeit auf dein Kronenchakra. Atme aus, und fokussiere dich auf deinen Bauchnabel. Bleibe durch deinen Atem zumindest minimal mit dir und deinem eigenen Muster verbunden.

2. WO SIND DIE RESONANZEN IN DIR ?

Woher kennst du dieses Muster? Wo sind die Resonanzen in dir? Welches Ereignis ist mit dir in Resonanz gegangen?

Was hat dich in dieses Muster hineingezogen? Lasse die alten Ereignisse aufsteigen, die in Resonanz mit dem sind, was du gerade erlebst.

Werde dir ganz klar, und fokussiere dich auf das Muster, in dem du zuvor festgesteckt hast. Lasse deine Sinne sich in diesem Muster ausbreiten:

Wie fühlt es sich an?

Wie schmeckt es?

Wie riecht es?

Welche Form hat es?

Was hörst du?

Was siehst du?

Du warst auch vorher schon in diesem Muster, jetzt bist du dir dessen jedoch ganz bewusst. Es ist dir völlig klar, was hinter der Gefühlsflut liegt, du erkennst das Muster in all seinen Facetten, und du bist zumindest zu einem kleinen Teil ganz bei dir.

3. LASSE DICH VON DEM MUSTER FÜHREN

Gleite in das Muster, und lasse dich von ihm führen.

Spüre und schaue, welche heilsamen Impulse, vollkommenen Bilder und Gefühle du hineingeben kannst. Sei so lange mit dem Muster, bis du tiefen Frieden in dir fühlst und dich ausgrokken kannst. Was braucht es noch? Darf die Form, Größe, die Schwingung, die Temperatur, die Lautstärke geändert werden? Entdeckst du z. B. Lücken und Risse, so kannst du Engel bitten, diese zu heilen und zu füllen. ... Schaue, was es braucht, um in Frieden, Liebe und Kraft zu schwingen.

Hier kann man auch gut ein Ho'oponopono machen.
Schaue dir das Muster an, und sage:
»Danke (dass ich dich jetzt erkennen darf).
Danke (dass du dich zeigst.)
Es tut mir leid.
Ich verzeihe mir, und ich verzeihe dir.
Ich liebe mich, und ich liebe dich.
Es darf jetzt heilen.
Danke.«

Vielleicht spürst, fühlst oder siehst du, wie das Muster sich durch deine Vergebung verändert, neu ausrichtet, sich vielleicht auflöst, anders schwingt, heller leuchtet. Das lebendige Feld antwortet auf jede Schwingung. Wenn du friedvoll bist und dich ganz ausgeglichen fühlst, ist es Zeit, dich auszugrokken.

4. SAMMLE DEINE ENERGIE VOLLSTÄNDIG EIN

Fühle, wie du alle Energie, die von dir in dem Muster ist, vollständig zurückrufst, und wie sie eine Kugel aus Energie formt.

5. GROKKE DICH HINAUS

Atme deine Energie gänzlich zu dir zurück, ganz in deine Mitte. Schaue mithilfe der geistigen Welt (Engel, Meister, Krafttiere), ob du irgendetwas für dich brauchst. Wenn du wieder ganz in deiner Mitte, gereinigt und geklärt bist, atme dich von innen sanft nach außen in die Gegenwart. JETZT!

Du wirst bemerken, dass das Ereignis zwar noch existiert, dich aber nicht mehr beschäftigt. Wenn du dich aus einem Muster ausgegrokkt hast, kann es sein, dass in dir ein Gefühl erwacht, dass auch bei dir ein Muster heilen durfte, denn die Impulse, die wir aussenden, können und dürfen auch in uns selbst etwas bewirken.

Wenn du merkst, dass dir durch diese Erfahrung und die Musterbeschaffenheit klar geworden ist, dass es auch ein Muster in dir gibt, welches noch verletzt oder noch nicht ganz verheilt ist, gibt es jedoch auch die Möglichkeit, es ganz bewusst zu heilen.
Lasse dich in das Muster gleiten, und spüre, ob dieses Muster oder Abbild noch etwas braucht oder ob es noch etwas gibt, was in dir heilen darf, ausgelöst durch die Erinnerung an das vorangegangene Muster.
Auch hier darfst du mithilfe deiner geistigen Führung, mithilfe von Krafttieren, Meistern und Engeln, die möglichen Risse, Verletzungen, Lücken und Leerstellen auffüllen und Impulse setzen.

Durch diese Impulse und liebevollen Veränderungen des verletzen Musters tritt Heilung ein. Das Muster kann sich so wandeln, dass es wieder strahlend, hell und schön aussieht.

Ziehe dich nun ganz bewusst aus dem Muster heraus, und werde dir deines ganzen Körpers bewusst. Atme dich von innen nach außen. Wenn du willst, kannst du deine Hände nun auf deinen Unterbauch legen und KU mitteilen, dass es diese lichtvolle Änderung und Heilung speichern kann.

Du wirst bemerken, dass Ereignisse zwar noch existieren, sie aber keine Resonanzen mehr in dir auslösen. Du bist wieder im Hier und Jetzt, bereit für den nächsten Schritt, der in deinem Leben ansteht.

Übungsbeispiele zum Grokken

Feuer grokken

1. Entzünde eine Kerze, oder mache ein Lagerfeuer. Beobachte das Feuer, berühre es kurz. Beobachte die Flamme. Gehe nah an sie heran. Spüre die Strahlkraft.
2. Schließe deine Augen. (Man kann auch mit offenen Augen grokken. Am Anfang hilft es jedoch, konzentriert zu bleiben und bei sich zu sein, wenn man die Augen schließt.)
3. Gehe in deine Mitte, und öffne bewusst deine Wahrnehmungskanäle.

4. Lade dich über die Atmung mit der
    universellen Lebensenergie auf.
5. Werde immer mehr zu einer Kugel reinen Bewusstseins.
    Wenn diese Kugel anfängt zu schweben, ist
    dies ein Zeichen dafür, dass du bereit bist.
6. Atme diese Kugel reinen Bewusstseins
    nun in die Flamme, in das Feuer.
7. Fühle, wie du in das Muster eintrittst und beginnst,
    auf allen Ebenen mit ihm zu verschmelzen. Werde
    zu dem Muster, dehne dich in ihm aus.
8. Sei die Flamme. Spiele mit ihr. Lasse sie groß
    und klein werden. Fühle ihre Energie.
9. Entgrokke dich. Sammle deine Energie aus der
    Flamme wieder vollständig ein und atme sie mit
    einem kräftigen Atemzug zu dir zurück.
10. Komme wieder ganz in deine Mitte.
11. Warte einen Moment, bis du dich
    wieder ganz in dir fühlst.
12. Atme dich von innen nach außen, und öffne deine Augen.

Erfahrungsbericht

Es war ein kühler Tag. Wir wollten das Feuer für die Schwitzhütte entzünden, aber es wollte nicht so richtig brennen. Ich zog
mich nach innen zurück, bildete eine Kugel aus reiner Energie in
mir und grokkte mich in die zaghaften Flämmchen ein. Ich ver-
schmolz mit dem Muster und fühlte, wie ich als Flämmchen mit
dem Leben rang. Als Muster der Flamme fühlte ich mich schwach,
da die Feuchtigkeit mir die Kraft zum Atmen nahm.
Als Muster der Flamme rauchte und qualmte ich und wollte mich
wieder ganz nach innen verziehen, da der Kampf gegen die Feuch-

tigkeit, die ein ganz anderes Muster besaß als ich (als Flamme), mir aussichtslos erschien. Nun schaute ich mich als Flamme nach Nahrung um. Ich entdeckte ein trockenes Stück Holz und begann, es zu verzehren und von innen immer größer und größer zu werden. Meine Kraft nahm stetig zu und nichts konnte mich mehr aufhalten. Ich brannte mich immer stärker in die Holzscheite ein und wurde heller, größer und mächtiger. Ich begann, mich auszudehnen und frech nach draußen zu schauen. Ich fühlte: Jetzt kann ich brennen! Das war der Punkt, an dem ich beschloss, meine Energie aus dem Flammenmuster zurückzuziehen und mich wieder zurückzuatmen.

Als ich als Energiekugel wieder ganz zu mir zurückkam, fühlte ich mich warm und gestärkt. Ich begriff, dass es ein inneres und ein äußeres Licht gibt und dass das Feuer deswegen brennen kann, weil das Licht schon überall ist. Das war eine wundervolle Erkenntnis.

Noch schöner war, dass das Feuer für die Schwitzhütte jetzt knisterte und die Flammen lichterloh um die Holzscheite tanzten. Interessanterweise nahm ich das Muster des Feuers ganz rein, spielerisch, tänzerisch, auch manchmal kämpferisch, aber vollkommen unschuldig wahr. Feuer imitiert gerne, nimmt die Energie der Umgebung und der Menschen auf und spiegelt sie. Diese Erfahrung wirkte noch eine Zeit lang in mir nach.

Wasser grokken

Wasser ist ein allverbindendes Element, das viele Erscheinungsformen annehmen kann.

Es kann fließen, stehen, aufsteigen, hinabfallen, einsickern, gegen-
läufig strömen und alle Formen und Muster annehmen. Es macht
viel Spaß und schenkt große Erkenntnisse, Wasser in seinen unterschiedlichsten Erscheinungsformen zu grokken und mit diesem
ewig fließenden Muster verbunden zu sein.

Wir können uns in ein Wasserglas, in einen Becher mit einem
Symbol auf dem Boden, in einen Fluss, in den Ozean, in eine Quel-
le, in eine Regenwolke, in ein Gewitter, in Regentropfen, in Eis und
Schnee hineingrokken, um so die verschiedenen Eigenschaften des
Wassers zu erfahren.

Wähle ein bestimmtes Wasser. Du kannst beispielsweise eine Scha-
le mit Wasser vor dich hinstellen, auf deren Grund sich die Blume
des Lebens befindet. Du kannst aber auch ein Gewässer in der Natur
wählen. Das Grokken selbst funktioniert genauso wie beim Feuer.

Wir waren an einem Kneippbecken. Dort grokkte ich mich ins Wasser. Ich war die Strömung und konnte in eine Richtung strömen, aber auch genau in die andere Richtung. Ich konnte in der Erde versickern und in die Luft aufsteigen und mich mit allem verbinden. Ich konnte mich in viele Zustände verwandeln und wunderschön leuchten. Ich sickerte durch die Erde hindurch, regte ein paar Samen zum Wachsen an. Diese nahmen mich auf. Ich dunstete aus, stieg in die Luft, war ganz leicht, verdichtete mich mit anderen Wasserteilchen zu einer Wolke, zog über den Himmel, bis wir immer schwerer wurden und als Regentropfen auf die Erde platschten. Es war eine tolle Erfahrung, Wasser zu sein, so flexibel, anpassungsfähig, lösend, befreiend, reinigend, wandlungsfähig, unendlich kommunikativ, immer wieder einen Weg findend – ein frei fließender Informationsspeicher. Ich grokkte mich wieder heraus und saß mit tiefen Erkenntnissen und einem Staunen vor dem fließenden Wasser. Diese Schöpfung ist ein Wunder.

Ich hatte gehört, dass eine Flutwelle Richtung New York unterwegs war. Da ich dort Freunde hatte, fühlte ich mich plötzlich persönlich in dieses Ereignis gezogen. Ich grokkte mich als Energiekugel aus reinem Licht mit einem Atemzug in das Meer hinein. Ich fühlte die Wellen und die tosende Flut, die unaufhörlich bebten. Ich dehnte mich aus und wurde eins mit dem lebendigen Wesen des Ozeans. Ich wurde zum Muster der Wellen und fühlte ihre ungeheure tosende Kraft, war jedoch in tiefer Ruhe. Als Muster der Wellen stellte ich mir vor, wie ich mich mehr und mehr beruhigte und zurückzog. Ich spürte das lebendige Wesen des Meeres und der Wellen, die ungeheure Kraft, die aus der Allverbundenheit heraus das Meer bewegt.

Als sich die Welle New York näherte, sprach ich mit ihr. Ich sagte ihr: »Du willst dir doch nicht all den Kram, der da herumsteht, auf den Meeresboden holen? Überlege dir das. Diese Dinge wirst du nicht wieder los.« Die Welle schaute mich für einen Moment mit riesigen funkelnden Augen an, schloss ihr Maul wie ein Seeungeheuer und zog sich nach innen zurück. Sie ebbte ab und wurde stiller. Als ich mich als Welle friedlich und abgewandt fühlte, sammelte ich meine Energie wieder ein und grokkte mich aus.

Später konnte ich in der Zeitung lesen, dass die angekündigte Flutwelle nur ein Minimum der Küste erreicht und keine weiteren Schäden angerichtet hatte. Ob es etwas mit meiner Grokk-Erfahrung zu tun hat oder nicht, weiß ich nicht. Wir haben alle Anteil an allem, alles beeinflusst alles, und dies darf uns jetzt mehr und mehr bewusst werden.

Luft grokken

Die Luft ist unsere wichtigste Lebensgrundlage. Sie umgibt uns und ist da, auch wenn wir sie nicht immer mit unseren Sinnesorganen wahrnehmen können. Wir können sie normalerweise mit unseren bloßen Augen nicht sehen, aber in bestimmten Situationen gibt es doch immer wieder eine Möglichkeit. Wir können Luft als aufsteigende Luftblasen sehen. Wir sehen und spüren sie, wenn sie sich bewegt. Wir sehen etwa den Wind, der durch die Bäume streicht. Luft können wir aber auch sehen, wenn sie durch Hitze gespiegelt und zur Fata Morgana wird.

Unsere Luft ist ein Element, das schwer greifbar und doch mit allem verbunden ist. Luft zu grokken ist eine schwindelerregende Erfahrung sein, kann sich aber auch schwerelos und sphärisch anfühlen.

Als ich mich das erste Mal in die Luft gegrokkt habe, spürte ich die Kraft, die in ihr liegt und mit der sie, vorangetrieben durch Hitze und Kälte, schnell und wirbelnd werden kann. Sie kann jedoch auch ganz ruhig sein und sich einfach nur treiben lassen. Luft ist in Bewegung, und ich spürte, dass ich ganz viel Fahrt aufnehmen konnte, wie eine Achterbahn, und herumgewirbelt wurde, dass ich von Luftmassen angesaugt wurde und um den Erdball sauste. Ich nahm wahr, dass sich die Konsistenz der Luft veränderte, als ich höher getragen wurde, und dass ich auch nur bis zu einem bestimmten Punkt der Erdatmosphäre existieren konnte. Ich spürte, dass ich durch Temperaturwechsel, durch die Erdrotation und durch das Wetter um mich herum Schwung nehmen und dadurch Wolken bewegen konnte. Ich nahm wahr, dass ich geballte, kraftvolle und brodelnde Luft in die Breite ziehen konnte, und sich die Luft auf diese Weise mehr verteilte. Auf der anderen Seite spürte ich, dass sich eine Wolkendecke durch Luft und Wind auseinanderziehen konnte.

Wozu kann man das Grokken der Luft verwenden? Es gibt wie bei allen Elementen unendlich viele Möglichkeiten. Man kann die Luft etwa für sich selbst grokken. Wenn man gerade wieder beginnt, Sport zu treiben, und noch nicht so fit ist, dann lässt sich die Sauerstoffaufnahme durch das Grokken der Luft bewusster und zielgerichteter lenken.

Wolken am Himmel können mithilfe des Grokkens von Luft und Wasser bewegt und Unwetter entzerrt werden.

1. Nimm ein Wasserglas und einen Trinkhalm. Blase Luft durch den Halm, und betrachte die aufsteigenden Luftblasen, oder puste Seifenblasen, und beobachte, wie sie dahinschweben. Nimm Kontakt zur Luft auf, und mache dir bewusst, dass du Luft ein- und ausatmest.

2. Nimm ganz bewusst einige tiefe Atemzüge, und schließe deine Augen.

3. An welcher Stelle genau befindest du dich in deinem Körper? Gleite in deine Mitte, und öffne ganz bewusst alle Wahrnehmungskanäle.

4. Lade dich mit der universellen Lebensenergie über die Atmung auf.

5. Werde immer mehr zu einer Kugel reinen, kristallin strahlenden Bewusstseins. Wenn diese Kugel anfängt zu schweben, ist dies ein Zeichen dafür, dass du bereit bist.

6. Atme diese Kugel reinen Bewusstseins nun zu 99 % in die Luftblase hinein. 1 % Beobachter bleibt bei dir.

7. Fühle, wie du in das Muster eintrittst und beginnst, auf allen Ebenen mit dem Muster zu verschmelzen. Dehne dich aus, und werde ganz zu dem Muster. Lasse dich führen, und erlebe, was es dir zeigt. Erkenne das Muster wieder.

8. Verändere das Muster, spiele und interagiere mit ihm, nimm Fahrt auf, und werde wieder ganz langsam, steige auf bis an den Atmosphärenrand, und lasse dich wieder heruntergleiten und herumwirbeln. Streiche durch die Bäume, über Steppen usw., und höre auf das, was

die Luft dir berichten kann, welche Erfahrungen sie gemacht hat, was sie gesehen hat, wo sie schon war.

9. *Tausche dich aus mit dem Muster, und frage es, ob es noch etwas gibt, was es dir mitteilen möchte, was du bisher noch nicht wusstest oder wahrgenommen hast.*

10. *Bedanke dich bei der Luft, dass du sie grokken durftest.*

11. *Entgrokke dich bewusst wieder, indem du dich vollständig in deine Mitte atmest.*

Erfahrungsbericht

Als ich von Hurrikan Sandy las, bat ich Freunde darum, Gebete zu sprechen und Kerzen aufzustellen. Außerdem grokkte ich Sandy, was eine sehr schwindelerregende Erfahrung war. Es war laut, und ich spürte die Wut. Als ich in das Muster des Sturmes eingetreten war, sah ich viele Wirbel, die sich gegenseitig noch schneller machten und richtig Fahrt aufnahmen. Die Erinnerungen und Vorstellungen von Zerstörung lagen in dem Muster und machten es sehr kraftvoll. Indem ich mit dem Muster interagierte, zog ich es auseinander, sodass die Kraft auf einer größeren Fläche verteilt wurde. Damit war der Sturm zwar noch vorhanden, jedoch viel langsamer und viel schwächer. Dann führte mich das Muster zu einer Reihe von Bildern der Zerstörung, und da wusste ich in für einen Moment nicht weiter. Mir war schon ganz schwindlig, und es war unglaublich laut. Ich entgrokkte mich erst einmal und sammelte meine ganze Energie in mir. Dann startete ich wieder und bemerkte, dass der Sturm schon viel ruhiger und langsamer war. Ich bat um die Hilfe meiner lichtvollen Begleiter und sah viele Lichtwesen, die die Bilder der Zerstörung wieder heilten. Aus den einzelnen Bildern und Sequenzen stiegen viele Menschen auf und betrachteten sich teils zum ersten Mal mit Wertschätzung. Alle reichten sich die Hände und begegneten sich offen und ohne Groll. Dann wandelte sich das Bild der Zerstörung in ein leuchtendes Bild, das zu diesem Zeitpunkt Heilung erfuhr. Während des gesamten Prozesses hatte ich die starke Präsenz von vielen Heilern und Lichtarbeitern gespürt, und es hatte sich ein gemeinschaftliches Feld aufgebaut.

Wir können bestimmte Ereignisse nicht verhindern, doch durch das Grokken geistige, ruhige, kraftvolle Leuchtpunkte setzen, soweit es uns gestattet ist. Durch die geistige Arbeit mit dem Wirbelsturm ist mir in den darauffolgenden Tagen aufgefallen, dass sich viele Menschen in New York und überall auf der Welt die Hände reichten und sich mit viel Verständnis und Besorgtheit umeinander kümmerten.

Steine grokken

Steine sind schon fast so alt wie unsere Mutter Erde, die ältesten von ihnen sind mehrere Milliarden Jahre alt. Sie werden oft als unsere Ahnen bezeichnet, denn sie gehören zu den Ersten, die auf diese Erde kamen. Steine besitzen außerdem noch eine wunderbare Kraft, nämlich ihr Kristallwasser, das sie in sich tragen. Damit besitzen Steine und wir Menschen ähnliche Muster. Unser KU erkennt das Muster des Wassers im Stein, das mit dem Muster Wasser in unserem Körper in Resonanz geht.

Anleitung

1. *Nimm einen Stein in die Hand. Betrachte ihn von allen Seiten, spüre seine Oberfläche. Ist sie rau oder glatt? Gibt es Riefen oder Ausbuchtungen? Fällt dir etwas Schönes an dem Stein auf? Was schätzt du an diesem Stein? Nimm von außen Kontakt mit ihm auf.*

2. Sieh mit einem weichen bewussten Blick auf den Stein, oder schließe die Augen.

3. Werde dir ganz bewusst, wo sich dein Geist in deinem Körper befindet. Gleite in deine eigene Mitte, und öffne ganz bewusst all deine Wahrnehmungskanäle.

4. Lade deinen ganzen Körper über die Atmung mit der universellen Lebensenergie auf.

5. Forme nun aus der Energie eine Kugel, die sich durch die Atmung immer mehr ausdehnt. Die Grenzen deines Körpers lösen sich auf, und du wirst immer mehr zu einer Kugel reinen Bewusstseins. Lasse diese Kugel heller, leuchtender, strahlender und leicht werden. Wenn sie anfängt zu schweben, ist dies ein Zeichen, dass du bereit bist.

6. Atme diese Kugel reinen Bewusstseins nun zu 99 % in den Stein hinein. 1 % Beobachter bleibt bei dir.

7. Fühle, wie du in das Muster eintrittst und beginnst, auf allen Ebenen mit dem Muster des Steins zu verschmelzen.

8. Dehne dich aus, und werde zu dem Muster.

9. Lasse dich führen. Schaue, was dir gezeigt wird, und erkenne Muster wieder.

10. Verändere das Muster, spiele mit ihm, interagiere mit ihm. Tauche ab in den See des Kristallwassers, lasse dir seine Geschichte erzählen, erkenne womöglich Heilenergie.

11. Tausche dich mit dem Muster aus, und frage, ob es dir noch etwas mitteilen möchte, was du bisher noch nicht wusstest oder wahrgenommen hast.

11. Bedanke dich bei dem Stein, dass du ihn grokken durftest.

12. Entgrokke dich bewusst wieder, indem du dich erneut ganz in deine Mitte atmest.

In einer Übung grokkten wir den Kristallschädel Alana von Carolin Götz. Ich war erst skeptisch, hatte sehr viel Respekt davor und wollte gar nicht so recht. Dann entdeckte ich jedoch das Unerwartete. Als ich mich in das Muster des Schädels grokkte, zog es mich hinaus in das Weltall, in Galaxien, in denen kein Mensch zuvor gewesen war. Ich wurde in ein neues und mir fremdes Sternenbild gezogen und habe von dort aus das All bewundert. Für mich wurde in diesem Moment Stille neu definiert und auch das Größenverhältnis von Dingen, denn mir erschien das All so grenzenlos groß. Mir wurde eine Quelle des Wissens gezeigt und angeboten, aus dieser zu schöpfen und das Wissen weiterzugeben. Ich war tief berührt, beeindruckt von der Schönheit, die ich dort wahrnehmen und sehen durfte, und gleichzeitig überwältigt von dem Angebot von altem, neuem und zeitlosem Wissen, Liebe, Mana und Frieden. Ich war in diesem Moment so froh, dass der eine Prozentanteil Beobachter noch zurück auf der Erde geblieben war und die 99 % Abenteurer in mir mit dem Bewusstsein unterwegs waren und erkunden durften. So konnte ich mich ganz entspannt zurücklehnen, durchs All reisen und lernen, denn der beobachtende Teil ließ mich ganz mühelos wieder zurückkommen. Obwohl dieser Kristallschädel weder in meinem Besitz noch in greifbarer Nähe war, bauten wir an diesem Tag eine bewusste Verbindung auf. Hin und wieder grokke ich Alana wieder, um in fremden Galaxien zu reisen, zu lernen und zu begreifen.

Pflanzen grokken

Blumen, Bäume, Wälder, Wiesen, Gärten, Felder – es gibt so vielfältige Möglichkeiten und außergewöhnliche Pflanzen, die unter den sagenhaftesten Lebensbedingungen und an den unterschiedlichsten Orten wachsen, etwa Bäume, die über 80 Meter hoch sind, und Blumen, die in der Wüste blühen.

Man sagt, es gäbe Menschen, die einen grünen Daumen haben. In dem Moment, in dem ich die Pflanzen in meinem Garten grokkte, wusste ich, was dies zu bedeuten hat. Ich konnte die Dynamik der Natur besser verstehen und erfuhr so, wonach die Pflanzen sich sehnten und was noch gebraucht wurde, damit unser Garten wieder ein Märchengarten werden konnte. Es war spannend, mit Wurzeln aus Mutter Erde zu trinken, mich nach der Sonne zu strecken und die Fotosynthese zu erleben. Es war ein lautes und kitzliges Erlebnis, als aus der Blume, die ich gerade grokkte, eine Hummel Nektar trank.

Bäume und Haine hatten und haben noch heute eine große Bedeutung, und als ich einen Birkenhain grokkte, durfte ich eine Zeitreise voller Erinnerungen, Begegnungen und Heilung erleben. Die Verbindung der Bäume durch ihre Wurzeln zu erfahren, zu spüren, wie es ist, als Blatt mit den anderen im Wind zu rauschen, zu erleben, wenn Käfer über die Borke laufen, zu erfahren, wie es ist, im Winter oder im Sommer immer an der gleichen Stelle zu stehen und vieles mehr – ich fühlte mich wie ein altes, wissendes und weises Wesen, das mit Gelassenheit seine Umgebung wahrnimmt, sich dem Licht entgegenstreckt und gerne vom Wind bewegt wird. Pflanzen teilen alte Geheimnisse, Wünsche, Erfahrungen und Heilwissen mit uns.

Anleitung

1. Stelle eine Blume oder eine andere Pflanze vor dich, und betrachte sie. Berühre ihre Blätter und Blüten, rieche an ihr. Fällt dir eine ganz besonders schöne Eigenschaft an ihr auf? Was schätzt du an ihr? Nimm von außen mit ihr Kontakt auf.
2. Grokke dich hinein.
3. Verschmilz mit dem Muster der Pflanze.
4. Dehne dich aus.
5. Werde zu dem Muster.
6. Lasse dich führen.
7. Sieh, was dir gezeigt wird.
8. Verändere das Muster.
9. Spiele mit dem Muster, interagiere mit ihm. Spüre, wie es ist, Wasser von Mutter Erde zu trinken, erlebe, wie es sich anfühlt, sich nach der Sonne auszurichten, zu wachsen und zu blühen. Erfahre und erlebe, ob diese Pflanze ein Heilwissen in sich trägt.
10. Tausche dich mit dem Muster aus.
11. Bedanke dich.
12. Entgrokke dich, indem du wieder vollständig in deine Mitte hineinatmest.

Erfahrungsbericht: Baumgruppe

Als ich von einer tuwinischen Schamanin die Heilkraft der einzelnen Ritualbäume erklärt und gezeigt bekam, setzte ich mich später an eine Baumgruppe, an der die Feuerkraft und die Feuerrituale noch mehr Kraft bekommen. Ich lauschte erst einmal meiner

Umwelt, sank vollkommen in mich hinein und war ganz bei mir. Dann grokkte ich mich in die Baumgruppe ein. Es waren etwa fünf Bäume, die alle aus einer Wurzel wuchsen. Mir wurden Bildersequenzen davon gezeigt, welche Art von Heilung, Wunscherfüllung und Verbundenheit durch ihr gemeinsames Stehen an ihrem Platz passieren durfte. Ich sah sehr alte Bilder und spürte durch die Wurzel eine Kraft, als ob ich Berge versetzen könnte, aber auch eine starke Verbundenheit mit den Bäumen, mit denen ich durch die Wurzel verbunden war. Das Muster eröffnete mir, dass sich hier die Elemente Luft und Erde mit dem Baum verbinden. So kann nicht nur die Kraft des Visualisierens genutzt werden, sondern es können auch verworrene und schmerzende Familienbande geklärt und die Beziehung zwischen allen Verwandten gestärkt werden. Noch heute danke ich der Baumgruppe für diese wunderschöne Erfahrung, denn ich nutze diesen Ort immer noch mit der Feuerkraft und für die Dinge, die mir damals aufgezeigt wurden.

Ich hatte gerade das Grokken gelernt und war begeistert von der Technik, als mir etwas Merkwürdiges geschah. Es war ein warmer Sommertag. Ich nahm eine Decke, legte mich auf die Wiese und begann einzudösen. Plötzlich hatte ich das Gefühl, ein roter Fingerhut nähme Kontakt zu mir auf. Er begann, mich mit seiner Farbe einzuhüllen und zog mich in seinen Blütenkelch hinein. Ich fühlte, wie ich zu entgiften begann. Er berührte mich im Herzen und bewegte sich darin. Es war, als ob alte emotionale Gifte abfließen konnten, mein Blut leichter wurde und er mich irgendwie mit seiner Energie versorgte. Ich badete in ihm, wurde in seine oder in meine Wurzeln gezogen – für einen Moment erlebte ich uns als eins und nicht mehr getrennt voneinander – und fühlte, wie ich eine eigene Wurzel in der Erde haben durfte. Es fiel mir schwer, mich wieder aus der Pflanze zu lösen, doch sie spuckte mich einfach mit einem glockenhellen Lachen aus. Ich wachte auf und wusste nicht: Habe ich geträumt oder gegrokkt? Ich fühlte mich erfrischt und gestärkt, obwohl ich als Kind immer vor dem Fingerhut gewarnt worden war, da er so giftig ist.

Ausgerechnet diese Pflanze half mir dabei, alte seelische Gifte zu bearbeiten und zu lösen. Das war eine ganz besondere Erfahrung, die mir deutlich machte, dass Pflanzen uns also auch grokken können.

Tiere grokken

Tiere sind unsere Verwandten, und sich ganz bewusst in ein Tier hineinzugrokken, ist etwas sehr Faszinierendes und Außergewöhnliches. Mit den Augen einer Katze zu sehen, mit der Nase eines Hundes zu riechen oder den Fleiß einer Biene zu spüren, kann uns die Welt der Tiere erschließen und uns sie verstehen lassen.

Durch das Grokken von Tieren kannst du in deinem KU nicht nur die wunderbaren Eigenschaften eines Tieres speichern und sie erleben, sondern es besteht auch die Möglichkeit, zu erfahren, wo der »Schuh« bei einem Tier »drückt«: Was braucht das Tier? Geht es ihm gut, oder kann ihm irgendwie geholfen werden?

Ich grokkte einmal eine Stute, die mit ihren Hinterhufen nicht mehr auftreten wollte. Ich ließ mich während des Grokkens zum Hinterlauf der Stute führen und erkannte dort eine kleine Verspannung. Dadurch, dass ich nun mit dem Muster der Verspannung im Muskel arbeiten konnte, erfuhr ich von der Stute, was es noch brauchte, damit Heilung geschehen und sie wieder über die Koppel toben konnte.

Ich war neugierig und wollte mir einen Bienenstock und seine Umgebung ansehen. Ich wurde erst von dem Muster des Stockes geführt und konnte das Treiben von außen beobachten. Dann grokkte ich mich in eine Biene hinein und spürte, wie es ist, in einem großen Volk zu leben und dort zum Wohle aller die zugeordnete Aufgabe zu übernehmen. Die wahnsinnige Anziehungskraft zu spüren, die eine Bienenkönigin ausstrahlt, und ihren Wunsch zu erleben, ihrem Bienenvolk zu helfen und es zu unterstützen, war faszinierend. Ich verfolgte dabei kein Ziel oder keine Heilungsabsicht. Mich leitete nur die Neugier, und ich wollte etwas lernen. Auch zu diesem Zweck kann also gegrokkt werden.

Es gibt viele Möglichkeiten, sich in eine Situation hineinzugrokken. Keine ist dabei die einzig richtige oder die generell falsche. Wenn wir zum Wohle des anderen grokken und Heilung beabsichtigen, dann werden wir an die richtige Stelle geführt.

Wir hatten eine Situation, bei der es viele verschiedene Ansätze gab und sie doch alle zum selben Ziel führten, nämlich zur Wiedervereinigung von Mutter und Kind.

Im Frühjahr 2012 erhielten wir einen Hilferuf aus Kalifornien: Ein Grauwalkalb suchte vor der Küste nach seiner Mutter. Jeder von uns grokkte sich in die Situation, und es war schön zu sehen, dass jeder von uns einen anderen Ansatz hatte und sich von dem Muster führen ließ. Einige von uns wurden direkt zu dem Kalb geführt. Sie beruhigten es und schärften seine Sinne. Sie stärkten seinen Überlebenswillen und holten die Erinnerung an das von der Mutter Erlernte in sein Bewusstsein. Andere in der Gruppe grokkten das Muster der Lautstärke im Meer und filterten für Mutter und Kalb die wichtigen Töne heraus, damit sie besser hörbar waren. Wieder andere grokkten die Grauwalmutter, um auch sie zu beruhigen, sie sensibel zu machen für die Töne ihres Kalbes und ihr die Richtung zu weisen, damit sie ihr Kalb wiederfinden kann. Acht Stunden später erhielten wir die Rückmeldung, dass sich Mutter und Kalb wiedergefunden hatten und gemeinsam weitergezogen waren.

Auch wenn dein geliebtes Haustier weggelaufen ist, kann Grokken hilfreich sein. Mache dir zunächst klar, was dein Tier an deinem Zuhause schätzt, was es am liebsten frisst oder wo es am liebsten liegt. Es kann viele Ansatzpunkte geben, wo sich dein Tier aufhalten könnte. Über das Grokken kannst du beispielsweise das Tier beruhigen und ihm den Weg zurück zeigen. Es gibt viele Möglichkeiten, und hier ist es wichtig, dass du dir überlegst, welche Verbindung ihr zueinander habt und welches Muster euch vereint. Grokke dich zunächst aus der Sorge, Panik und Verzweiflung heraus und dann in dein Tier hinein. Spüre, wie sich das Muster anfühlt. Was nimmst du wahr? Kommt dir die Umgebung bekannt vor, und fühlst du dich gut? Gibt es Stellen, die du heilen kannst, oder ist deine Aufmerksamkeit gerade auf etwas ganz anderes gerichtet. Was liebt das Tier an dir? Schicke ihm ein Bild von etwas, worauf es sich freuen kann, wenn es nach Hause kommt. Sende ihm das Bild, dass es auf dich zuläuft und anschließend von dir verwöhnt wird. Grokke dich wieder ganz aus, und komme ganz zurück zu dir.

Hierbei darf man jedoch niemals den freien Willen eines Wesens unterschätzen. Denn es ist keinesfalls so, dass wir durch das Grokken unser Tier manipulieren und ihm allerlei Bilder in den Kopf setzen können, um das zu erreichen, was wir von ihm wollen. Sondern wir stoßen ein Muster in uns an, das wie bei umfallenden Domino-Steinen das Muster unseres Gegenübers anstößt. Wenn jedoch unser Gegenüber noch nicht bereit ist oder nicht gegrokkt werden will, so können wir ihm unser Muster auch nicht zusenden. Derjenige, der gegrokkt werden soll, entscheidet selbst, ob er uns sein eigenes Muster anvertrauen und von uns etwas empfangen möchte.

Erfahrungsbericht: Tiere können auch uns grokken

Zum ersten Mal gegrokkt, fühlte ich mich in der Begegnung mit Delfinen. Sie kamen ganz nah zu mir heran. Einer schaute mich unverwandt an, und dieser Blick ging ganz tief in mein Herz. Ich hatte das Gefühl, der Delfin schaue direkt in meine Seele und schwimme geradewegs in mich hinein. Die immense Liebesschwingung, die ich von diesen Engeln des Ozeans empfing, berührte mich jenseits aller Worte tief in der Seele. In der Nacht empfing ich Botschaften und Bilder, die von den Delfinen gesendet wurden. Ich begann, sie aufzuschreiben und war sehr verblüfft und angetan davon. Ich hatte das Gefühl, von den Delfinen gegrokkt worden zu sein, und seit dieser Zeit fühle ich eine tiefe Verbundenheit zu ihnen.

Gegrokkt zu werden, ist möglich, wenn das Herz weit offen ist und der Strom der Liebe fließt. Liebe verstärkt Liebe. Segen verstärkt Segen.

Knochen grokken

Körperteile und Organe zu grokken, ist eine großartige Möglich-keit, seinen eigenen Körper wertzuschätzen, sich selbst zu spü-ren, sich neu auszurichten und die Energiemuster wieder in den Fluss des Lebens zu bringen.

Anleitung

1. *Schließe die Augen, und entspanne dich.*
2. *Spüre deine Körperhaltung, und nimm jeden einzelnen Knochen wahr. Deine Knochen geben dir deine Körperform und deine Haltung. Spüre, dass deine Knochen ein Teil von dir sind. Spüre sie, und sieh mit deinen inneren Augen, wie deine Knochen dir Halt geben, wie sie beschaffen sind. (Unsere Knochen sind Mana, deine Quelle für deine Kraft von innen.)*
3. *Werde dir deiner Knochen ganz bewusst.*

4. Vielleicht hattest du einmal einen Knochenbruch, der nun wieder verheilt ist. Dann werde dir jetzt ganz bewusst, was deine Knochen für dich leisten. Danke ihnen dafür, dass sie dich halten.

5. Stelle dir nun vor, wie es ist, ein Skelett zu sein. Sinke in die Struktur hinein. Spüre, dass Knochen aus Zellen bestehen, die sich immer wieder erneuern.

6. Spüre, wie es ist, dein eigenes Skelett zu sein. Erlebe, wie es sich anfühlt, deine Knochen zu sein. Lasse deine Gedanken in sie fließen, und nimm sie ganz bewusst wahr. Lasse dein Bewusstsein ganz in deine Knochen sinken.

7. Fühle, wie du in das Muster deiner Knochen eintrittst und beginnst, auf allen Ebenen mit ihm zu verschmelzen.

8. Dehne dich aus, und werde zu dem Muster.

9. Lasse dich führen, und schaue, was dir gezeigt wird. Erkenne Muster wieder.

10. Erfülle nun deine Knochen mit einem strahlenden, hellen, energetischen und wunderschönen Licht, das deine Knochen von innen nach außen zum Leuchten bringt. Gibt es Stellen, die du ganz besonders zum Leuchten bringen möchtest oder die besonders viel Fürsorge brauchen?

11. Tausche dich mit dem Muster aus und frage, ob es dir noch etwas mitteilen möchte, was du bisher noch nicht wusstest oder wahrgenommen hast.

12. Bedanke dich bei deinen Knochen, dass du sie grokken durftest.

13. Entgrokke dich bewusst wieder, indem du dich erneut ganz in deine Mitte atmest. Dein restlicher Körper wird dir wieder ganz bewusst, du kommst wieder vollständig im Hier und Jetzt an und öffnest deine Augen.

Organe grokken

Informiere dich über ein Organ, lies darüber, schaue, wo es genau sitzt, aus welchen Teilen es besteht, wie groß es ist und wie es im gesunden Zustand aussieht, womit es verbunden ist und was seine Aufgabe ist.
Dann beginne mit dem Grokken.
Schaue dir das Organ zuerst von außen an.
Sei das Organ, und spüre, wie es ist, es zu sein.
Fühle das Muster, die Energie, die Größe, den Energiefluss, die Lücken und Störfaktoren. Werde immer mehr zu dem Muster, und beginne, es heilsam zu verändern.

Man kann seine Organe mit Licht oder anderen Formen der Heilung reinigen, auffüllen und heilen, beispielsweise mit Gold, Silber, Türkis, Segen oder Blütenblättern.
Wenn du dich ganz friedlich fühlst, grokkst du dich wieder aus.

Schmerzstellen grokken

Wenn du Kopfschmerzen hast, dann lenke die Energie so, dass es dir wieder besser geht:

Ziehe dich zurück, und nimm dir etwas Zeit für dich selbst.
Atme in dich hinein, und nimm wahr.
Mache dir dein Gehirn und nicht den Kopfschmerz bewusst.
Spüre dein Gehirn, und bewege dich immer mehr in sein Schwingungsmuster hinein.
Fühle, wie sich die Energie bewegt und die Elektronen abgefeuert werden.

Bewege dich durch dein Gehirn. Sende Segen in es. Lasse dich zu
der Stelle führen, die schmerzt, und beginne, die Verspannungen
zu lösen.

Es kann sein, dass du einen Knoten wahrnimmst oder Kabel, die
Funken abfeuern, Stellen, die nicht isoliert sind oder die gegeneinander wirken.

Dann beginne, das Schmerz verursachende Muster zu lösen.

Löse den Knoten, atme Licht und Energie hinein, bringe die Bah-
nen wieder ins Gleichgewicht, verändere die Schaltkreise und
Schaltstellen, löse ungute Verbindungen, und fühle oder schaue,
was es braucht, bis alles wieder im Gleichgewicht ist, alles wieder
in Harmonie ist und die ständig pulsierenden und feuernden Ener-
gieströmungen frei schwingend fließen können.

Du kannst dich auch auf den Energiebahnen zu dem Muster führen lassen, mit dem sie verbunden sind. Das kann eine vollkommen andere Stelle im Körper sein, z. B. Nieren, die Angst signa-
lisieren. Dann beginne, dort die Felder zu reinigen und zu lösen.

Du kannst dir vorstellen, wie die Angst abfließt, Blockaden sich
lösen, die Niere sich wieder regeneriert, Licht hineinströmt.

Segne dein Gehirn, und fühle, wie es wieder vollkommen im Einklang ist.

Wenn alte Bilder und Muster aufsteigen, vielleicht aus dem
Stammhirn, oder Fehlermeldungen, so kannst du auch diese heilen und verändern.

Frage dich: »Was braucht es äußerlich noch, damit es jetzt ganz
heilen kann?«

Vielleicht kommen die Worte: »Ruhe dich aus«, »Trinke Wasser«,
»Gehe in der Natur spazieren«, »Schüßlersalze«, »Schreibe den
Brief jetzt«, »Bringe endlich ... zum Abschluss« usw.

Wenn du dich wieder friedlich und ruhig fühlst, gehe vollständig in deine Mitte zurück. Fühle sowohl dein Inneres als auch

dein Äußeres. Atme dich aus dem inneren Raum in den äußeren Raum.

Erfülle das, was du als Botschaft empfangen hast.

Erfahrungsbericht: Schmerzstellen

Für mich war das Grokken in meine Schmerzen bzw. in das Organ, das diesen Schmerz ausstrahlte, eine erkenntnisreiche, bewusstseinserweiternde und sehr wirksame Erfahrung.

Während des Grokkens wurde ich als reine Energie in eine sehr verkrampfte und angespannte Nervenbahn gezogen. Die Impulse waren dicht und eng und zogen mich in meinen Solarplexus. Der Magen war vollständig in einem goldenen Nervennetz eingeklemmt, und alles fühlte sich zusammengepresst an.

Ich hatte keine Luft zum Atmen. Ich spürte den Impuls, als Teil des Nervensystems zu atmen und mich wieder ganz zu entspannen und zu lockern. Dabei löste sich Wut über mich selbst, Traurigkeit über das Nicht-gesehen-Werden und Schwere aus meinem Solarplexus.

Es war, als ob sich das Nervensystem ausschütteln und befreien würde. Es begann, sich auszudehnen, aufzuladen und zu atmen. Teilweise floss die dichte Energie ab, und teilweise war es, als ob regelrechte Brocken von mir abfallen würden. Als Muster meines Nervensystems schüttelte und lockerte ich mich und begann, mich mit goldenem Licht aufzuladen. Plötzlich zog es mich in ein dunkles Loch, das sich in meiner Leber befand. Dort fand ich eine Erinnerung aus meiner Kindheit und sah mich als ein Kind, das sich nicht geliebt und angenommen fühlte, egal, was es tat. Es war wie in sich eingeschlossen. Ich löste die schwarzen Schleier und nahm es an die Hand, mit in meinen Seelengarten. Dort wurde es gewaschen, gereinigt, bekam wunderschöne Kleider und konnte mit den Wesen der Natur spielen. Ein wunderschöner Engel war jetzt bei dem Kind, und ich entspannte mich noch tiefer. Das Loch in der Leber füllte sich mit Licht und Energie und löste sich wie eine Samenkapsel heraus. Die Leberzellen verbanden sich wieder und begannen, zu schwingen und sich sofort zu erneuern. Eine Welle der Entspannung rollte durch das gesamte Nervensystem, bis hoch in den Kopf. Alles war friedlich. Ich fragte das intelligente Feld, das alles weiß und alles verbindet, ob es noch etwas gebe, was ich tun könnte.

Es kam der Impuls »Bauch ölen und mehrmals am Tag tief in den Bauch atmen«.

Ich wusste, es ist getan. Ich fühlte mich wohl und friedlich.

Ich atmete mich wieder zurück in meine Mitte und kam aus meiner inneren Welt wieder in die äußere. Die Schmerzen waren komplett verschwunden. Ich fühlte mich gut und konnte es fast selbst nicht glauben. Ich folgte dem inneren Impuls, salbte mich mit Lavendelöl und atmete immer wieder tief in den Bauch. Das fühlte sich gut an. Es war eine Erfahrung, die zeigte, dass der Ursprung des Schmerzes nicht an dem Ort liegen muss, wo dieser sich zeigt.

Eine Supernatur grokken

Über das Grokken von Supernaturen können wir etwas über die Fähigkeiten und Kräfte erfahren, die in uns angelegt sind, aber noch nicht so bewusst gelebt und erfahren wurden.

Eine Supernatur ist jemand, der übermenschliche Fähigkeiten besitzt, wie Superman, Spiderman, Erzengel Michael, Quan Yin usw. Wir bewegen uns hier in die Ewigkeit und die Meisterschaft des irdischen Daseins hinein.

Da wir geistige Wesen sind, die eine menschliche Erfahrung machen, haben wir Zugang zu allen Ebenen und Dimensionen, auch zu Ebenen und Dimensionen, die uns heute noch nicht bewusst sind. Indem wir uns in Supernaturen eingrokken, können sie uns aus der Ewigkeit heraus schulen. Das Grokken einer Supernatur hilft uns dabei, in unser wahres Potenzial und unsere geistigen Fähigkeiten zu erwachen.

Gibt es einen Helden deiner Kindheit?

Einen Meister oder eine Meisterin, die du verehrst?

Ein geistiges Wesen, das nicht von dieser Welt ist, wie z. B. einen besonderen Engel, Erzengel Michael, Erzengel Raphael, Elohim oder auch Wesen aus den Naturreichen? Einen Elben, eine Fee, eine Deva? Nimm dir zuerst ein bisschen Zeit, um dich daran zu erinnern, was dich schon immer begleitet hat, welches Wesen aus den geistigen Welten immer bei dir ist.

Als ich zum ersten Mal einen Superhelden grokkte, habe ich mir Superman vorgestellt. Eine der Eigenschaften, die ich besonders an ihm bewundere, ist, dass er beim Fliegen eine objektive Perspektive einnehmen kann und aus dieser heraus seine bestmöglichen Schritte für das Ganze einleitet. Das war in diesem Moment die Eigenschaft, die ich an ihm bewunderte und schließlich grokkte.

1. Schließe deine Augen.

2. Stelle dir nun einen Superhelden, einen Gott oder eine Göttin, ein Naturwesen, einen Aufgestiegenen Meister oder ein anderes Wesen deiner Wahl vor. Wie sieht dieses Wesen aus? Was trägt es? Welche Eigenschaft und Qualität bewunderst du an diesem Wesen? Was schätzt du an ihm? Was ist dir ganz besonders wichtig?

3. Sieh vor deinem inneren Auge, welche Eigenschaften und Besonderheiten dieses Wesen hat, das du bewunderst, schätzt und anerkennst.

4. Stelle dir nun vor, dass das Wesen nun genau diese Fähigkeit, Eigenschaft und Qualität, die du so sehr schätzt, anwendet.

5. Stelle dir vor, wie du selbst diese Fähigkeit, Eigenschaft und Qualität anwendest.

6. Spüre in dich hinein, und fühle, wie es sich anfühlt, diese Fähigkeit, Eigenschaft und Qualität selbst zu haben.

7. Stelle dir nun vor, selbst dieses Wesen zu sein, und diese Fähigkeit, Eigenschaft und Qualität anzuwenden.

8. Spüre das Muster, das hinter der Fähigkeit, der Eigenschaft und der Qualität liegt. Wie fühlt es sich an? Wie ist es beschaffen?

9. Spüre, wie du dieses Muster nun selbst verwendest.

10. Wenn du dieses Muster nun voll und ganz erfahren hast, dann erinnere dich ganz bewusst an deinen eigenen menschlichen Körper. Spüre genau, wo du dich jetzt gerade befindest und wie es ist, du selbst zu sein. Nun atme dich wieder ganz in deine Mitte zurück.

82

11. *Sage deinem KU, dass es dieses Muster der Fähigkeit, Eigenschaft und Qualität nun speichern soll oder kann.*

12. *Bedanke dich bei dem Wesen, und bedanke dich bei dir selbst.*

13. *Öffne die Augen, und komme wieder im Hier und Jetzt an.*

Erzengel Michael begleitet mich schon sehr lange auf der geistigen Ebene. Meine ersten Grokk-Übungen führte ich in einem Seminar durch. Ich bat ein übernatürliches Wesen zu erscheinen.
Es erschien, wie soll es anders sein, Erzengel Michael in meinem
inneren Raum. Ich bewegte mich als Energiekugel in sein Energiefeld hinein. Es war ein mächtiges bergendes Energiefeld, das
nicht von dieser Welt, sondern aus anderen und übergeordne-
ten Dimensionen jenseits von Raum und Zeit ewig strahlt. Es
war helles gleißendes Licht, heller als 1000 Sonnen. Ich erlaubte
mir, mich immer mehr in dieser Energie auszudehnen. Sie war
auf der einen Seite gleißend hell und auf der anderen Seite bläu-
lich dunkel, sodass sie in unser Universum hineinstrahlen konnte und die Erde einhüllte. Wann immer ich diese Energie anrief,
manifestierte sie sich augenblicklich, da sie immer im Feld ist.
Sie kann an vielen Stellen gleichzeitig in Erscheinung treten. Ich
machte meine erste multidimensionale Erfahrung jenseits von
Zeit und Raum. Es war erhaben, überirdisch, zeitlos, immer da.
So manifestierte sich die Energie in San Francisco, da sie dort
gerufen wurde, und gleichzeitig in Europa und in Australien. An
manchen Stellen schien sie dichter, an manchen Stellen feiner.
Augenblicklich aus dem Nichts konnte diese Energie ein Kind
retten, einem Erwachsenen helfen, einem anderen Menschen
eine Eingebung schenken, Energien befreien ... Es war großar-
tig, bergend, schützend, kraftvoll, immer da, reines Bewusstsein in einem intelligenten Feld, auf das wir uns nur ausrichten
müssen. Als ich mich aus dieser Energie zurückzog und wieder
ganz zu mir zurückkam, fühlte ich mich sehr weit geöffnet und
ewig. Diese Erfahrung hielt noch lange an, und seither fühle ich
mich noch sicherer und geborgener in dieser Energie, die jetzt

auch stärker in mich eingegangen ist. Meine Ängste und Zweifel bezüglich der geistigen Welt und höheren Dimensionen sind verschwunden.

Erfahrungsbericht: Geistige Welt

So, wie wir uns mit der geistigen Welt verbinden können, kann sie sich, wenn wir uns für sie öffnen und sie darum bitten, auch mit uns verbinden. Engel, geistige Wesen und Meister können sich mit unserer Erlaubnis unseres Feldes bedienen und sich für eine kurze Zeit in ein menschliches System eingrokken, um über Menschen Botschaften zu vermitteln. Der Unterschied zum Channeling ist, dass der Mensch sich augenblicklich verändert, einen anderen Gesichtsausdruck annimmt, die Energie sich schlagartig im Raum fühlbar erhöht und alle Anwesenden die Präsenz eines Wesens höherer Ordnung wahrnehmen können, das weniger über die Worte, als über die Energie und Energiefelder kommuniziert.
Wer das einmal erlebt hat, wird diese Erfahrung nie vergessen, da sie uns in eine höhere Ebene trägt und wochenlang führt. Frieden, Liebe, Mitgefühl, Leichtigkeit, Flow und Glückseligkeit sind die Zeichen einer solchen Erfahrung.

Schamanen/Schamanin grokken

1. Schließe deine Augen, und atme tief durch.

2. Stelle dir nun einen Schamanen vor, der direkt vor dir steht, einen Schamanen aus irgendeiner Zeit und von irgendeinem Ort, entweder Mann oder Frau. Dieser Schamane ist ein Meister der Heilkunst. Er hat auch das Wissen seines Volkes, der anderen Welt und der Geister gemeistert. Er weiß, wie man mit den Sieben Prinzipien umgeht und sie beherrscht und meistert: Bewusstsein, Freiheit, Fokus, Gegenwärtigkeit, Liebe, Kraft und Flexibilität.

3. Betrachte ihn aufmerksam. Was trägt er? Was für ein Gewand hat er an? Oder trägt er einen Kopfschmuck? Versuche, jedes Detail an dem Schamanen zu erkennen.

4. Sieh nun, dass der Schamane seine Hand ausstreckt und dich an der Stirn berührt. Spüre diese Berührung! Der Schamane berührt dich an der Stirn, um Energie aus Liebe und Mana/Kraft zu übertragen. Fühle, wie diese Energie in dich hineinfließt.

5. Nun dreht dir der Schamane den Rücken zu und geht rückwärts auf dich zu. Mit dem letzten Schritt tritt er in dich ein. Er füllt dich aus, so, wie du ihn ausfüllst. Er befindet sich in dir, so, wie du dich in ihm befindest.

6. Spüre, wie es ist, du selbst im Körper dieses Schamanen zu sein.

7. Spüre, wie es ist, der Schamane zu sein. Wie fühlt es sich an, dieses Gewand zu tragen? Wie ist es, das zu wissen, was er weiß? Wie ist es, die Welt durch seine Augen wahrzunehmen?

8. *Spüre, wie es ist, sich gegenseitig zu grokken. Spüre,
wie der Schamane dich und deine Fähigkeiten,
Eigenschaften und Qualitäten grokkt.*

9. *Nun spüre nicht nur, wie es ist, ein Schamane zu sein,
sondern sei dieser Schamane. Du hast seine Kräfte,
seine Fähigkeiten, seine Begabungen, sein Wissen und
seine Erfahrung. Nimm sie mit jeder Zelle wahr.*

10. *Erkenne das Muster, das hinter den Fähigkeiten,
den Eigenschaften und den Qualitäten liegt. Spüre,
wie du dieses Muster nun selbst anwendest.*

11. *Wenn du dieses Muster nun voll und ganz erfahren hast,
dann erinnere dich ganz bewusst an deinen eigenen
menschlichen Körper. Spüre genau hin, wo du dich jetzt
gerade befindest und wie es ist, du selbst zu sein. Spüre,
wie der Schamane sich aus dir herausbewegt oder du
ihn mit dem nächsten Atemzug aus dir herausatmest.
Nun atme dich wieder ganz in deine Mitte zurück.*

12. *Sage deinem KU, dass es dieses Muster
mitsamt diesen Fähigkeiten, Eigenschaften und
Qualitäten nun speichern soll oder kann.*

13. *Bedanke dich bei dem Schamanen, und
bedanke dich bei dir selbst.*

14. *Öffne deine Augen, und komme
wieder im Hier und Jetzt an.*

Menschen grokken

Grokken kann gut in der Heilarbeit eingesetzt werden, da wir alle über die universelle Energie miteinander verbunden sind. Weil wir Menschen uns zwar ähnlich sind, jedoch alle einen freien Willen besitzen, ist es nicht so einfach, uns gegenseitig zu grokken, obwohl wir auch das täglich tun. Da sich ein jeder von uns im anderen spiegelt, ist es nicht so leicht, uns in ein Muster hineinzugrokken, das unserem so ähnlich ist. So stellt sich dann permanent die Frage, ob es der eigene Anteil oder der des anderen ist. Wollen wir uns damit verbinden oder nicht? Hier besteht die Gefahr der Vermischung, Übertragung und Neuverstrickung. Je negativer, fordernder, härter wir uns selbst gegenüber sind, desto schwerer ist es, sich in jemand anderen hineinzugrokken.

Beim Grokken fühlen wir, was der andere fühlt. Dies kann uns sehr vertraut sein, da es mit unserem System in Resonanz gehen kann. Wichtig ist, dass wir uns damit nicht identifizieren und nicht das Muster, das wir gegrokkt haben, in unserem eigenen System belassen.

1.   Achte den freien Willen in dir und in deinem Gegenüber. Der freie Wille ist unantastbar.

Das heißt: Grokke nur mit Einverständnis der Person. Wenn diese z. B. im Koma liegt oder dir aus anderen Gründen kein Signal senden kann, so kann es sein, dass sie einfach in deiner inneren Welt auftaucht, ohne dass du an sie gedacht oder sie dir herbeigesehnt hast, oder du die Erlaubnis von höheren geistigen Welten erhältst. Wenn du nicht gefragt wirst, halte dich aus anderen Feldern heraus. Folge den Impulsen in dir.

Wertschätzung und Respekt vor der Seele und dem göttlichen Funken des anderen sind gute Grundvoraussetzungen für ein respektvolles Miteinander in einer neuen Zeit. Wir sehen bei unserem Gegenüber oft nur die Spitze des Eisbergs. In ihm kann sich viel mehr verbergen, als wir je erahnen können. Deswegen sind Interesse, Fragen und Zuhören so wichtig.

2.   Mache den anderen nicht kleiner oder größer als dich selbst, sondern begegne ihm oder ihr auf Augenhöhe. Nur auf Augenhöhe kann wirklich Liebe fließen.

3.   Prüfe deine eigenen Motive und deine Absicht. Warum möchte ich das tun? Was ist mein Ziel? Tue ich es aus bedingungsloser, frei fließender Liebe und weil ich einen Impuls in mir verspüre, oder will ich jemanden beeindrucken?

Die Reinheit der Absicht und unbegrenzte liebende Weite sollten deine Grundlage sein.

4. Übernimm vollständig Verantwortung für dich und für das, was du siehst und fühlst und was dir gezeigt wird, und bringe es ganz in die Heilung, sodass die Energie wieder fließen kann. Unverantwortlich ist, wenn wir dem anderen etwas mitteilen, was wir bei ihm gesehen und wahrgenommen haben, und ihn dann damit alleinlassen. Vielleicht hat er dann ein Problem, das er vorher nicht hatte, und das darf nicht sein.

5. Wir können Verschiedenes in anderen Menschen grokken, und wir können Potenzial entdecken und aktivieren. Es ist alles möglich.

Partnerübung: Menschen grokken

1. Frage den anderen, ob er bereit ist.
2. Begib dich in eine weit geöffnete, empfängliche und allumfassend liebevolle Haltung dir selbst und dem Göttlichen im anderen gegenüber. Ihr könnt eine liegende Acht um euch ziehen. In dem einen Kreis befindest du dich und im anderen die andere Person. Ihr verbindet euch über das Einheitsfeld. Stelle dir dazu ein strahlendes Licht weit über euch vor. Zwei gold-silber-weiße Strahlen fallen aus dem Einheitsbewusstsein in die beiden Kreise der liegenden Acht. Ihr werdet beide gleichermaßen geliebt, umhüllt, gesegnet und aus der Quelle geführt.
3. Ihr öffnet euch füreinander.
4. Die Person, die sich grokken lässt, entspannt und öffnet sich und achtet darauf, was sie während des Vorgangs empfindet.
5. Wenn du die Person bist, die grokkt, verbinde dich zuerst mit dir selbst. Lege die Hand auf dein Herz, und fühle deine eigene frei fließende Anbindung zur Quelle. Fühle den unbegrenzten Raum über dir. Atme aus diesem Raum zum Kronenchakra ein und zum Bauchnabel (Zentrum) hin aus. Nun fühle deinen Kontakt zur Erde. Fühle den unbegrenzten Raum und deine ureigene Verbindung zur Quelle unter dir. Atme aus diesem Raum zu den Fußsohlen oder zum Steiß ein (dorthin, wo du den Bodenkontakt wahrnimmst) und zum Bauchnabel aus. Atme drei Mal (Pico-Pico-Atmung) in dieser Weise, und spüre, wie du immer mehr zu dir selbst kommst.

6. Nun lässt du dich aus deinem denkenden Verstand in den Raum deines Herzens hineinziehen und öffnest deine inneren Sinne: Riechen, Fühlen, Tasten, Schmecken, Sehen, Hören. Du begibst dich ganz in dein Zentrum, ganz in deine Mitte. Es kann sein, dass eine geistige Führung sich meldet, Erzengel Raphael oder ein anderes Wesen. Dann sei zuerst in deinem inneren Zentrum, und dehne dich nach allen Seiten aus. Deine geistige Führung kann mit dir im Zentrum sein. Die universelle Lebensenergie lädt euch vollständig auf, und ihr verschmelzt zu einer strahlenden Kugel reinen Bewusstseins. Wenn diese Kugel anfängt zu schweben, grokkst du dich mit einem Atemzug in das menschliche System deines Gegenübers ein und beginnst, dich durch dieses System zu bewegen und dich auszudehnen. Du kannst dich zu einer schmerzenden Stelle oder etwas führen lassen, was jetzt geheilt werden möchte. Lasse dir Zeit, und sammle so viele Informationen wie möglich. Wenn du alle Informationen über deine Sinne gesammelt und das Muster gefühlt hast, dann grokke dich aus. Sammle deine Energie vollständig ein, bis sie wieder eine strahlende Kugel ist. Atme sie mit einem Ruck zu dir. Du kannst diese strahlende Kugel im Geiste durch einen kristallinen Wasserfall ziehen oder im violetten Feuer der Reinigung wandeln, sodass du gereinigt wirst und wieder ganz in deine Mitte kommen kannst. Warte, bis du deine Umrisse wieder fühlst, wieder ganz da bist, und atme dich dann von innen nach außen.

Berichte dem anderen, was du wahrgenommen hast. Tauscht euch aus.

Zweiter Durchgang:

1. *Komme wieder zu dir selbst. Mache drei Mal die Pico-Pico-Atmung. Öffne deine inneren Sinne, gehe in deine Mitte, und lade dich (wenn eine geistige Führung erscheint, ladet euch) mit reiner Lebensenergie auf. Werde zu einer Kugel aus strahlendem Licht des Bewusstseins. Grokke dich mit einem Atemzug zu 99 % aus deiner Mitte aus (1 % bleibt als Beobachter bei dir), und bewege dich in das Muster deines Gegenübers. Lasse dich führen, und tue alles, damit die Energie wieder in den Fluss kommen und das Muster sich anhand der göttlichen Matrix ausrichten kann. (HINWEIS: Hier kann Ho'oponopono für alle, die es kennen, auch sehr hilfreich sein!) Fühle, wie das Muster sich wandelt, löst, frei wird, wieder in Frieden und Harmonie zu schwingen beginnt. Wenn es in dir friedlich ist und du fühlst, dass es getan ist, kannst du schauen, ob es noch eine Botschaft gibt. Segne alles, sammle deine Energie vollständig ein, und entgrokke dich mit einem kräftigen Atemzug. Ziehe deine Energiebewusstseinskugel wieder zu dir zurück. Reinige dich gegebenenfalls, und komme wieder ganz in deine Mitte. Dort angekommen, schaust du, ob du noch etwas brauchst. Sorge zuerst für dich, und atme dich dann, wenn du bereit bist, von innen zurück in den äußeren Raum.*

2. *Du kannst deinem Gegenüber berichten, was du erlebt hast. Löst dann die liegende Acht. Segnet euch, und gebt euch wieder vollkommen frei. Es ist geschehen, was zwischen euch geschehen sollte.*

Je mehr wir das Grokken üben, desto mehr schulen wir uns, und desto besser lernen wir, der Kraft zu vertrauen und wirklich gute Ergebnisse zu erzielen.

Erfahrungsberichte: Menschen grokken

In einem Seminar sollten wir grokken. Vor dem Grokken von Menschen hatte ich großen Respekt. Es fiel mir schwer, mich zu öffnen. Zudem hatte ich einen Mann als Übungspartner und fühlte mich als Frau etwas unwohl damit.

So machte ich unbewusst einfach dicht.

Als wir uns dann austauschten, erzählte er mir, dass er sich eingrokken wollte, es ihm jedoch nicht möglich gewesen sei. Er sei ständig gegen eine Mauer gestoßen und dann schließlich wieder zurückgekehrt, da es keinen Eingang gab. Das verblüffte mich und war für die ganze Gruppe eine wunderbare Lektion: Wenn ich nicht möchte, kann mich keiner grokken.

Der freie Wille ist eine nicht zu umgehende Voraussetzung fürs Grokken.

Das war eine gute Erfahrung für mich, die mich auch zutiefst beruhigt hat, da ich große Vorbehalte gegen diese Übung gehabt hatte.

Wir grokkten uns danach noch einmal gegenseitig. Wir waren offen und gespannt und fühlten uns gut, diese Übung gemeinsam zu machen, da wir großes Vertrauen zueinander und in den Rahmen hatten, in dem es stattfand. Zuerst grokkte ich mich ein. Es war erstaunlich, was wir zutage brachten und wie leicht die geistige Heilung des Feldes vonstattenging.

Als wir dann wechselten, konnte ich richtig fühlen, wie in mir die Energie zu heilen begann. Ich hatte eine riesige Verspannung in den Schultern, besonders auf der einen Seite. Ich fühlte dort plötzlich einen Energiestrom, während mein Partner mich grokkte. Ich hatte das Gefühl, als ob die Muskeln geschüttelt und entspannt worden wären. Das tat richtig gut.

Ich konnte wieder frei atmen. Es war wie eine innere Massage.

Als die Übung beendet war, waren diese Schmerzen zu meinem eigenen Erstaunen weg.

Weit entfernte Sternensysteme und Galaxien grokken

Wir haben selbst schon weit entfernte Sternensysteme und Galaxien über Fotos gegrokkt und das auch mit ganzen Gruppen. Die Erfahrungen waren faszinierend. Grokken ist nicht an Raum, Zeit oder Entfernung gebunden. Es funktioniert einzig und allein durch das allumfassende, alldurchdringende Bewusstsein, dessen Teil wir alle sind.

Als Element des einen Bewusstseins sind wir mit allem verbunden und können mit allem kommunizieren, egal, wo es sich befindet und wie weit entfernt es auch sein mag.

Sternensysteme zu grokken, ist zeitweilig wie nach Hause zu kommen. Michael Manthey *(www.SternenEnergie.ch)*, ein Astronom, der wunderschöne Aufnahmen von Galaxien und Sternensystemen anfertigt und sich schon sehr lange und ausführlich damit beschäftigt, stellte uns damals großformatige Bilder zur Verfügung. Die Erlebnisse beim Grokken waren sehr bewegend. Wir hatten das Bild der Plejaden, der Whirlpool-Galaxie und andere Bilder aufgestellt.

Erfahrungsberichte: Galaxien grokken

Ich grokkte mich in die Plejaden ein. Es zog mich weit in das All. Ich fühlte mich geborgen und zu Hause. Es hatte etwas unglaublich Stabilisierendes und Berührendes. Ich weiß, dass ich mit diesem System seit ewigen Zeiten verbunden bin. Ich wurde nach oben gezogen und sah, dass sich die Energie der Plejaden auf der Erde in den Inseln von Hawaii spiegelte. So viel Liebe, so viel Kraft – wundervoll. Ich bin mir jetzt bewusst, dass eine überge-

ordnete Ebene existiert, und seit dieser Zeit tief mit dem Sternen-
wissen der Plejaden verbunden.

Ich habe mir das Bild der Plejaden mittlerweile zu Hause aufge-
hängt. Es ist so wohltuend, erdend und stabilisierend – ein Erwachen in der Ewigkeit. Seit diesem Erlebnis geht mir vieles mit
Freude und Leichtigkeit von der Hand, und für vieles habe ich eine
andere – leichtere und freiere – Sichtweise gewonnen.

Wir haben uns in die Whirlpool-Galaxie eingegrokkt. In dem Moment, in dem wir sie wahrnahmen, wurden wir von einer sehr
positiven Energiewelle erfasst. Wir hörten beide einen ganz besonderen Ton. Jeder von uns hatte ähnliche Erlebnisse, die sich
jedoch in verschiedenen Worten und Bildern ausdrückten. Als wir
uns wieder ausgegrokkt hatten und uns gegenseitig das Ereignis
mit dem Ton erzählten, den wir beide unabhängig voneinander
gehört hatten, beschlossen wir, ihn gleichzeitig zu tönen. Es war
exakt der gleiche Klang. Das war wirklich faszinierend. Es gibt
noch so viel zu entdecken. Wir sind mit dem gesamten All und
mit viel mehr verbunden, als wir denken. Dies ist jedoch mit unserem Verstand nicht zu erfassen.

Wie Grokken das **Leben verändern** kann –

Grokk-Übungen im Alltag

Grokken ist eine Technik, die wir durch Üben und Anwenden verfeinern und ausbauen können.

Der erste Schritt ist, sich in das Muster hineinzubewegen.

Im zweiten Schritt werden wir mit unserem Bewusstsein Teil des Bewusstseins, in das wir uns hineingegrokkt haben.

Im dritten Schritt sind wir als Teil des Bewusstseins in der Lage, dieses Muster zu lenken, zu leiten und zu verändern, und – wenn wir getan haben, was uns möglich war – das Muster in einer harmonischen Weise zu verändern.

Höhere Ebenen schwingen immer in harmonischen allverbindenden Mustern der göttlichen Matrix. Niedere Ebenen tragen die Schwingung der Trennung, Spaltung und Deformierung.

Höhere Ebenen können zur Wandlung niedriger Ebenen verwendet werden, umgekehrt ist das nicht möglich.

Im vierten Schritt grokken wir uns aus.

Wir erhalten oft direkt danach eine Information aus dem Feld, dass die Mission erfolgreich war.

Kleine Grokk-Übungen können wir machen, wenn z. B. das Lagerfeuer nicht brennen möchte. Wir grokken uns in das Feuer hinein und lassen es mit allen Sinnen groß und prasselnd werden, so intensiv wie möglich. Wenn sich jemand in das Feuer grokkt, können wir das sogar beobachten. Das Feuer ist meist hell bis weiß, was auf die Anwesenheit eines Bewusstseins hinweist. Es kann auch die Form, das Symbol oder ein Zeichen desjenigen, der sich eingegrokkt hat, annehmen.

Wenn jemand unsere Hilfe braucht, können wir uns kurz in das Muster eingrokken und das vollkommenste und heilsamste Bild in uns entstehen lassen, das in dieser Situation möglich ist. Wir halten das heilsame Muster aufrecht, das ganz einfach sein kann.

Wenn der Nachbar einen Baum absägt und unser Herz blutet, können wir uns in den Baum eingrokken, das Muster fühlen, in Kontakt mit den Wesenheiten des Baumes treten, sie in die Wurzeln leiten und ihnen einen Weg aus dem Baum zeigen. Wir können einen Engel bitten, das Schockfeld zu berühren, damit es sich auflösen kann. Wir tun das, was es braucht, damit Heilung geschieht und die Lebensenergie weiter fließen kann. Dann grokken wir uns aus.

Wenn uns mitgeteilt wird, dass es noch etwas auf dieser Ebene zu tun gibt – einen Stein an den Baum legen, damit die Wesen des Baumes dort unterkommen können, eine kleine Zeremonie abhalten oder ein Gespräch führen – dann sollten wir dies tun.

Den benötigten Teil grokken

Es gibt viele Situationen, in denen das Grokken sehr hilfreich sein kann, vor allem dann, wenn wir das Gefühl haben, dass uns eine Ressource oder Eigenschaft fehlt, um etwas zu bewältigen. Es gibt Situationen, in denen wir denken: »Wenn ich nur den Weitblick von X hätte oder ich mich jetzt genauso konzentrieren könnte wie Y, dann könnte ich diese Situationen spielend und ruhig meistern.« Das Grokken kann uns auch hierbei helfen, denn wir können eine Person, ein Tier oder ein Element grokken, damit wir genau diese Eigenschaft in uns erspüren, verstärken und entwickeln können. Dabei grokkt man jedoch nicht das Ganze, sondern lediglich den Teil, mit dem man arbeiten möchte. Wenn ich beispielsweise Hilfe brauche, um meinen Weg beim Autofahren zu finden und einen Navigator grokke, dann grokke ich nur den Teil, der mir beim Navigieren hilft und nicht den Stress und die Aufregung und den Zeitdruck, den derjenige vielleicht bei seiner Arbeit hat. Wenn ich mich auf etwas konzentrieren möchte und den Fokus nicht verlieren will, dann grokke ich eine Katze bei der Jagd. Ich grokke jedoch auch hier nur ihre Fähigkeit, sich zu fokussieren und natürlich nicht ihre Lust auf Mäuse, darauf, ein Tier totzubeißen.

Psychometrie

Jeder Gegenstand besitzt neben seiner äußeren Form auch geistige Abdrücke, da er sich mit dem Lichtfeld der Person, die ihn verwendet, und ihrer Absicht verbindet. So kann man Kristalle mit bestimmten Informationen programmieren oder Talismane herstellen. Ein persönlicher Gegenstand verbindet sich mit seinem Träger und nimmt dessen Energie auf. Deswegen fühlen wir uns zu manchen Gegenständen hingezogen, während andere eine unangenehme Ausstrahlung haben, obwohl sie vielleicht wunderschön und edel aussehen mögen. Auch hier ist das Grokken sehr hilfreich, um etwas über die Ladung und Energie eines Gegenstandes herauszufinden und sie gegebenenfalls zu löschen oder umzuprogrammieren.

1.   *Du nimmst einen persönlichen Gegenstand, der dir selbst oder jemand anderem gehört, in die Hand. Das kann ein Erbstück, ein Ring, ein Schmuckstück, ein alter Gegenstand sein. Betrachte ihn ganz genau. Nimm Kontakt auf mit seiner Form, seiner Energie und seiner energetischen Ausstrahlung. Fühle ihn, berühre ihn, schaue ihn dir an. Vielleicht kannst du seinen Ton hören.*

2.   *Halte den Gegenstand in deiner Hand, und beginne, ihn zu grokken. Zoome dich in ihn hinein, und dehne dich aus.*

3.   *Gehe in der Zeitspur des Gegenstandes zurück, fühle seine Geschichte, seine Energie und das, was er dir zeigt. Vertraue dem, was du empfindest, was dir gezeigt und eingeben wird, was geschieht, während du dich in dem Gegenstand bewegst und dich von ihm und seinen Mustern führen lässt.*

4.   *Teile sämtliche Eindrücke, die in dir aufsteigen, einem Partner mit, der zuhört, ohne diese zu kommentieren.*

5.   *Entgrokke dich, komme wieder zu dir selbst.*

Wenn du das Erlebte mit einem Partner besprichst, lasse ihn sich als Abgleich kommentarlos ebenfalls in den Gegenstand eingrokken. Oft sind die Empfindungen ähnlich, drücken sich aber über andere Bilder und Worte aus, da wir ja mit unserem System verbunden sind und jeder von uns andere Fokussierungen hat. Man kann sich auch mit mehreren Personen gleichzeitig in einen Gegenstand hineingrokken, sich dann austauschen und überlegen, was zu tun ist, damit der Gegenstand in seinem höchsten Licht und seiner wahren göttlichen Kraft leuchten kann. Dabei kann man auch beim Grokken Hinweise erhalten, etwa, dass man den Gegenstand reinigen oder ihn in die Erde legen soll.

Naturkatastrophen und Erdheilung

Wir sind alle mit allem verbunden. Vielen von uns ist dies nicht bewusst. Oft halten wir uns nur in unserer kleinen Alltagswelt und unseren Komfortzonen auf. Wenn wir durch Naturkatastrophen, Neuerungen und Gruppenereignisse von größeren Feldern berührt werden, so kann das auch unsere Alltagswirklichkeit für immer verändern. Wichtig ist, dass wir uns bewusst machen, dass unsere Alltagswirklichkeit auch das große Feld beeinflussen kann. Dies geschieht durch Bewusstsein. Viele Menschen haben sich mittlerweile bewusst mit dem großen Feld – dem gesamten Feld – verbunden, durch Segnungen, Erdheilungen, oder einfach, weil sie eine Veränderung wünschen. Es gibt in dieser Hinsicht zahlreiche Möglichkeiten.

Machen wir uns zuerst einmal bewusst, dass wir neben unserer Alltagswirklichkeit mit Kollektivfeldern verschiedener Größenordnungen und Ausmaße verbunden sind.

Dazu eine kleine Übung:

Verbinde dich mit dem Segensstrom.
Segne zuerst dich selbst.
Dann segne alle, die mit dir verbunden sind: Familie,
Freunde, Angehörige, Plätze, Tiere und so weiter.
Dann segne dein Dorf/deine Stadt, deine
Gruppen (Arbeit, Freizeit) und die Vereine,
deren du dich zugehörig fühlst.
Dann segne das Gebiet, zu dem dein Dorf gehört.
Dann segne dein Land.
Segne deinen Kontinent.
Segne alle Kontinente.
Segne die Erde.
Segne das Sternensystem, in dem
die Erde sich bewegt.
Segne die Spiralgalaxie, von der unser Sternen-
system ein Teil ist, segne das ganze Universum.

Auf diese Weise kannst du die Allverbindung – die Verbindung mit allem – fühlen.

Wie im Großen, so im Kleinen.
Wie oben, so unten.
Wie im Himmel, so auf Erden.
Mikrokosmos gleich Makrokosmos.

Wenn wir uns bewusst mit allem verbinden, können wir auch auf alles bewusst Einfluss nehmen, es erleben und unseren Beitrag zur Heilung des Gesamten leisten.

Viele Menschen, die mittlerweile diese Technik beherrschen, versuchen zu helfen, wenn sie hören, dass ein Wirbelwind, eine Flutwelle oder ein Erdbeben bevorsteht. So können wir uns auf jeder Ebene jederzeit und von überall soweit es geht unterstützen. Neben dem Grokken gibt es natürlich noch andere Ebenen, auf denen wir uns für andere einsetzen können. So können wir uns in Hilfsorganisationen engagieren, Menschen mit Kleidung versorgen, uns die Hände reichen, Informationen austauschen ... Wir können dem Impuls in uns folgen, den wir während des Grokkens erhalten.

Gruppen-Erfahrungsbericht: Heilung für einen Ort

Wir waren mit einer Gruppe an einem bestimmten Ort. Den meisten ging es auf einmal sehr schlecht. Es ist ein Unterschied, ob man sich einen Ort nur anschaut oder sich für seine Energie öffnet. Zwei von uns mussten diesen Ort sofort verlassen, andere hatten weiche Knie, ein Kind streikte regelrecht. Nun durfte man sich an diesem Ort nicht versammeln. Er wurde gut bewacht. So trafen wir uns für eine kurze Besprechung. Es wäre auch möglich gewesen, den Ort unverzüglich zu verlassen. Da er jedoch in Resonanz mit einigen von uns ging, konnte an diesem Ort, der ursprünglich ein uralter Kraftplatz gewesen war, viel in Heilung gehen.
Wir verteilten uns an diesem Ort, sodass wir einen großen Kreis bildeten. Jeder von uns suchte sich ein Plätzchen und ging in seinen inneren Raum. Wir verbanden uns alle über die fünfte Kammer im Herzen mit der Blume des Lebens und mit unserer Höherführung. Jeder grokkte sich in die geistige Energie des Or-

tes ein. Wir ließen uns führen und taten das, was uns gezeigt wurde, jeder und jede auf seine eigene Weise in Anbindung zu der Höherführung. Der Ort wurde mit einem Mal sehr lichtvoll. Engel stiegen herab, Seelenteile kamen zurück, dunkle Ecken und Geheimnisse fanden Würdigung und Frieden, gebundene Seelen gingen ins Licht usw. Gleichzeitig geschah auf der äußeren Ebene Folgendes: Menschen legten ihre Telefone aus der Hand und setzten sich hin, um diesen Platz zu genießen, Kinder fingen an zu lachen und miteinander zu spielen, die Sonne brach durch die Wolken, und es wurde hell, der Wind war friedlich und sanft. Es war ein unglaubliches Erlebnis auf der inneren und gleichzeitig auf der äußeren Ebene. Als wir völlig im Frieden waren und merkten, dass alles getan war, kamen wir von dem inneren Raum wieder in den äußeren Raum zurück. Der Ort hatte sich merklich gewandelt, und in vielen von uns stieg eine Vision auf, gemäß der dieser Ort wieder für Frieden und Heilung der Menschheit und den geistigen Wesen zur Verfügung stehen werde. Zwei aus der Gruppe bekamen einen gebundenen Seelenteil zurück. Es war ein wunderschönes, still verbundenes Gruppenereignis, im Sinne der Blume des Lebens: jeder in seinem Kreis, alle Kreise gleich groß, keiner kleiner oder größer, höher oder tiefer, jeder einfach, weil er da war, seinen Beitrag für das Wohl von sich, seinem Nächsten und dem Gesamten leistend. Das ist der Weg einer neuen Zeit.

Die Zeichen an diesem Ort waren hinterher deutlich zu sehen.

Solche gemeinsamen Erfahrungen sind enorm hilfreich und erlauben uns, in die Kraft, statt in die Ohnmacht zu gehen. Wir funken uns gegenseitig an, vereinbaren eine Uhrzeit, und schon geht es los.

Gruppen-Erfahrungsbericht: Befreiung aus dem Eis

Eine Gruppe von zwölf Orkas war tagelang von einer dicken Eisdecke in der Hudson Bay in Kanada eingeschlossen, und nur ein kleines Loch erlaubte ihnen, abwechselnd Atem zu holen. Das offene Meer war zu weit weg, sodass die Wale an dieser Stelle verharren mussten. Diese Nachricht berührte eine große Gruppe von uns, und wir alle machten uns mit dem Grokken auf den Weg, um den verzweifelten Tieren zu helfen. Bei jedem zeigten sich das Muster und die Lösung des Problems anders, jedoch hatten wir alle das eine Bild vor Augen: Die Orkas sind frei.

Es war ein freifließender und stiller Aufruf, etwas für die Wale zu tun. Die Gruppe wuchs ohne aktives Zutun und mit dem Ziel vor Augen, die Wale in Freiheit zu sehen. Jeder, der mitmachte, bewertete das Bild des anderen nicht, sondern war froh und erleichtert, dass wir unseren kleinen Teil beitragen konnten, diesen zwölf Riesen zu helfen.

Einige grokkten sich in das Muster der Eisdecke hinein und durften es so verändern, dass sie trotz des herrschenden Winters dünner werden würden und brechen würde, sodass die Wale wieder frei wären. Wieder andere grokkten sich in das Muster der Wale ein und arbeiteten an der Erinnerung, dass die Wale doch sehr lange die Luft anhalten können und den langen Weg vom Eisloch bis in die Freiheit mit einem Atemzug schaffen könnten. Es war wie ein Mentaltraining, das mit den Walen auf dieser Ebene gemacht wurde, um ihnen zu zeigen, dass sie es schaffen könnten. Wieder andere arbeiteten mit dem Bild, dass ganz viele Helfer kommen und die Eisdecke mit Maschinen aufbrechen würden, damit die Tiere so wieder in Freiheit schwimmen könnten. Einige beruhigten das Muster der Wale und ließen die Anspannung, die Strapazen und die Ängste der letzten Tage kleiner werden, damit sie die nächsten Tage noch würden durchstehen können. Einer hatte das Bild vor Augen, dass die Eisdecke mit großen Föhnen erwärmt würde, diese dann bräche und die Wale freikommen würden. Eines der Bilder war, dass die Wale ihre Herzfrequenz erhöhen würden, damit sie dadurch selbst die Temperatur des Wassers erhöhen könnten. Wir schickten dann gemeinsam Bilder von Wärme, Sonne und Liebe an die Tiere. Mit dem Muster des Wassers wurde ebenfalls gearbeitet, und es wurde auch mit einer geistigen Strömung erwärmt, die nur zur Rettung der Wale gedacht war. Die menschlichen Helfer in dem Feld wurden nicht ausgelassen, und auch ihr Muster wurde verändert, weg von Angst und Sorge, hin zu Zuversicht. Die Angst hatte die Eisdecke noch dicker und fester gemacht, und durch diese Veränderung zum Positiven wurde das Eis gleich viel gefügiger. Das Muster des Hilfe-Feldes wurde ebenfalls aktiviert, damit es für Helfer sichtbar würde und sich noch mehr Menschen zur Hilfe und Rettung der Wale auf den Weg machen würden. Einen von uns zog es in das Sternenbild Sirius, von wo aus er an der Befreiung der Wale arbeitete. Das Feld war sehr breit aufgestellt, und die Verbindungen, die entstanden sind, um diesen Tieren zur Seite zu stehen, ließen uns gemeinsam wachsen.

Als dann die Nachricht kam, dass die Orkas dank Mutter Natur wieder frei waren, waren wir mit eigener Freude, Überlebenswillen und Freiheit beschenkt worden.

Persönlicher Abschluss

Grokken ist leicht, spielerisch und wirkungsvoll – eine Technik der neuen Zeit im ozeanischen Bewusstsein der Möglichkeiten des Einheitsfeldes. Je öfter wir grokken, allein, zu zweit oder als Gruppe, desto mehr werden wir uns für die Muster und das Einheitsfeld, das alles durchdringt und umgibt, öffnen und unsere wahre, ewig geistige Natur entdecken.

Wir Menschen sind in einer Fünfer-Struktur aufgebaut: Wir haben fünf Finger an jeder Hand, fünf Zehen an jedem Fuß usw. Das Dodekaeder ist die fünfte Kammer unseres Herzens, der Sitz unserer Göttlichkeit, der Schlüssel zum ewigen Leben.

Wenn wir erkennen, dass wir ewiges Licht und Liebe sind, haben wir kein Bedürfnis mehr, gegen uns, gegen andere oder gegen das Gesamte zu gehen. Wenn wir uns wahrhaftig in dem einen Licht, das alles weiß, alles kennt, alles sieht, von oben bis in unsere tiefsten Schatten anschauen lassen und uns und unserem Nächsten vergeben können, können wir uns von den alten trennenden Mustern erlösen und uns wieder anhand der göttlichen Matrix ausrichten.

Wir als Menschheit stehen vor einer neuen Stufe der Evolution. In uns ist der evolutionäre Impuls bereits angelegt. Wir entwickeln uns von unserer Fünfer-Struktur zu einer Sechser-Struktur.

Wenn wir in unserem geistigen Raum der Ewigkeit erwachen, kann sich unser Lichtfeld, die Merkaba, entwickeln. Die Merkaba ist eine Sechser-Struktur, eine Lichtstruktur höherer Ordnung, die sich augenblicklich im Ozean des freien Bewusstseins bewegen kann. Die meisten kristallinen Strukturen sind Sechser-Strukturen. Wenn sich die ersten Zellen im Mutterleib entwickeln, bildet sich das Merkabafeld, aus dem das Herzfeld entsteht und mit dessen Impuls alle anderen Körperteile und Organe aufgebaut werden.

Das Leben kommt aus dem Wasser. Wir entwickeln das, was bereits vom ersten Moment unseres Daseins in uns angelegt ist.

Wir entdecken, dass wir alle ein Teil des Gesamten sind und dass das Gesamte in uns ist. In der Ausrichtung an der göttlichen Matrix können wir allein durch unser Dasein, Licht, Liebe, Segen, Freude und Heilung bringen. Wir brauchen uns nicht von der Erde in den Himmel zu bewegen, sondern können den Himmel auf der Erde verwirklichen.

Das alte Zeitalter ist beendet. Eine neue Zeit beginnt. Wir verlassen die alten Strukturen und Glaubenssätze, die uns eingetrichtert haben, wir seien unwürdige, schuldige und sündige Geschöpfe, oder dass nur ein Teil der Schöpfung göttlich wäre, und der andere nicht. All das stimmt nicht! Der eine Teil kann ohne den anderen nicht wirken. Alles in der Schöpfung besteht gleichermaßen aus beiden Teilen. Alles ist aus der Vereinigung beider Kräfte entstanden. Beide Teile, männlich und weiblich, Himmel und Erde, Yin und Yang, bringen erst diese wunderbare Schöpfung hervor.
Wir sind Kinder Gottes. Unser Licht will in seiner ursprünglichen Reinheit erstrahlen. Wir wollen unsere ursprünglichen geistigen Fähigkeiten, die weit über die materielle Form hinausstrahlen, wieder annehmen und das Paradies, das hinter allem noch zu erahnen ist, wiedererwecken.
Wir haben lange genug in der Illusion der Getrenntheit, der Einsamkeit, des Leides und des Schmerzes gelebt. Liebe ist Lachen, Freude, Leichtigkeit und Verbundenheit. Wir sind verbunden, wir sind eins. Die Erde ist ein heiliger Ort, und es ist gut, diese Erkenntnis nicht erst dann zu erfahren und zu leben, wenn wir in unsere geistige Heimat zurückgekehrt sind.

Die spirituelle Erde erwacht und damit die PAN-Erde. Die Energie von PAN ist unbegrenzt, mächtig und heilsam. Die Vorsilbe »PAN« erscheint, wenn ein Begriff gesucht wird, der das Umfassende, das Unfassbare, das Einheitsbewusstsein beschreiben soll. Als Pantheist erlebt man das Göttliche als Kraft, die alles, was ist, durchdringt, als Frieden und Einheit mit der Natur. Als Pangefühl bezeichnet man die Empfindung, dass man eins mit allen lebendigen Kräften ist, sich in jedes Muster hineinbewegen kann und durch dieses Einheitsfeld genährt, getragen und versorgt wird.

Wenn wir als Menschen erfahren, dass wir Teil der Einheit sind und uns nicht mehr abspalten, dann werden wir durch die Einheit getragen. Sie wird uns zur richtigen Zeit am richtigen Ort zusammenführen, damit wir das Richtige tun.
Das Feld, das uns umgibt, ist bereits intelligent, machtvoll und alldurchdringend.
Es kann durch uns wirken, wenn wir uns für unser höheres Wesen öffnen.

An dem Tag, an dem wir uns entscheiden, uns wieder mit dem göttlichen Kern in uns zu verbinden, uns für unser Wohl, für das Wohl unseres Nächsten und für das Wohl des Gesamten einzusetzen, in dem gemeinsamen Interesse, in Frieden, Freiheit und Fülle zu erwachen, wird diese Vision Wirklichkeit werden.
Wir schöpfen mit jedem Blick, jedem Gedanken, jedem Wort, jedem Ton und jeder Geste, ob wir das wollen oder nicht. Wir sind Schwingung, Muster, Vibration und Energie. In welcher Energie schwingen wir? Was senden wir täglich in die Welt?
Wir können diese Schwingung ausrichten. Wir sind Gestalter der Wirklichkeit, in erster Linie unserer eigenen Wirklichkeit.

Jeder von uns ist einzigartig, erfüllt von einem unvergleichlichen Klang. An dem Tag, an dem diese Klänge sich miteinander verknüpfen, werden wir zusammen das Orchester der Ewigkeit bilden, und das wird der Beginn der Schwesterlichkeit und Brüderlichkeit auf Erden sein. Gerade in der Unterschiedlichkeit können wir gemeinsam einen fruchtbaren und bereichernden Austausch miteinander erleben. Mögen alle Wesen glücklich sein. Mögen alle Wesen Segen, Heilung und Liebe erfahren.
Mögen wir aufwachen und lachen.

Aloha
Jeanne und Anne-Mareike

Danksagung

Jeanne Ruland und
Anne-Mareike Schultz

Wir danken allen Menschen, die sichtbar und unsichtbar aus ihrem liebenden Herzen am großen Plan mitwirken, um die göttliche Matrix, die alles durchdringt, wieder zu errichten. Wir danken unseren Lehrern, die uns diese Technik eröffnet haben. Wir danken weiter allen Menschen, die an diesem Buch mitgewirkt haben. Möge es ein großer Segen und eine weitere Möglichkeit sein, als Mensch lichtvoll und bewusst am großen Ganzen mitzuwirken.

Aloha von Herzen
Anne-Mareike und Jeanne

Über die Autorinnen

Jeanne Ruland bereiste viele Jahre die Welt. In den besuchten Ländern erhielt sie vielfältige Einblicke in die verschiedensten Facetten der Schöpfung. Ihr Interesse galt schon immer dem tieferen Sinn des Lebens. Sie erfuhr bereits in frühen Jahren die Führung und die Fügungen des unsichtbaren Reiches und damit die unglaubliche Fülle und Kraft, die das Leben für den Menschen in den unterschiedlichsten Lebenslagen bereithält. Dies möchte sie in ihren Büchern und mit ihren CDs weitergeben.

Weitere Informationen unter: www.shantila.de

Bereits im Alter von 11 Jahren empfing Anne-Mareike Schultz Botschaften von Delfinen. Außerdem beschäftigte sie sich schon früh mit schamanischem Wissen. Das Erschaffen von Kraftobjekten des Herzens, von Trommeln und Rasseln, ist eine ihrer Leidenschaften. Heute ist sie als Heilpraktikerin tätig und arbeitet mit ihrer Zwillingsschwester in einer Gemeinschaftspraxis.

Weitere Informationen unter: www.naturheilpraxis-schultz.de

Quellenangabe

Serge Kahili King: Der Stadt-Schamane. Ein Handbuch zur Transformation durch HUNA, dem Urwissen der hawaiianischen Schamanen. Lüchow: 1998.

Bildnachweis

Seite 43, 44, 48, 51, 52, 57, 62, 67, 68, 81, 97, 103:
© Jeanne Ruland & Murat Karaçay

Seite 8, 15, 16, 25, 30, 34, 39, 47, 58, 61, 65, 71, 73, 87, 89, 94, 98, 104, 110, 115: © Anne-Mareike & Wibke Martina Schultz

Seite 20: © Julia Muntanas Ribas

Seite 97: © Michael Manthey

Seite 13, 14, 19, 20, 21, 25, 33, 41: #48233852 © keath
Seite 23: #50488841 © Vitalinko
Seite 38: #52419713 © Leo Lintang
Seite 79: #53738902 © mamamia_100
www.fotolia.de

Außerdem erschienen im

Jeanne Ruland & Anne-Mareike Schultz
Delfine
Lichtvolle Botschaften für uns
Menschen
978-3-8434-9039-9
56 Karten mit Begleitbuch

Jeanne Ruland & Anne-Mareike Schultz
Delfine
Meditationen zum Eintauchen ins
ozeanische Bewusstsein
978-3-8434-8243-1
CD, Gesamtspielzeit 58:21 Min.